Der Jesus der Philosophen und der Jesus des Glaubens

Grünewald Reihe

Alexandre Ganoczy, Der schöpferische Mensch und die Schöpfung Gottes

Thomas Pröpper, Der Jesus der Philosophen und der Jesus des Glaubens

Thomas Pröpper

Der Jesus der Philosophen und der Jesus des Glaubens

Ein theologisches Gespräch mit Jaspers · Bloch Kolakowski · Gardavsky · Machovec · Fromm · Ben-Chorin

Matthias-Grünewald-Verlag · Mainz

CIP-Kurztitelaufnahme der Deutschen Bibliothek
Pröpper, Thomas
Der Jesus der Philosophen und der Jesus des Glaubens: e. theol. Gespräch mit Jaspers, Bloch, Kolakowski, Gardavsky, Machovec, Fromm, Ben-Chorin. – 1. Aufl. – Mainz: Matthias-Grünewald-Verlag, 1976. –
(Grünewald-Reihe)
ISBN 3-7867-0568-2

Umschlag: Kroehl / Offenberg
Gesamtherstellung: Fränkische Gesellschaftsdruckerei GmbH, Würzburg
ISBN 3–7867–0568–2

INHALT

II. TEIL
DIE KIRCHLICHE JESUSDEUTUNG ANGESICHTS IHRER ALTERNATIVEN
(Theologische Reflexionen)

EINLEITUNG

Die vorliegende Schrift ist durch ein Seminar über »nichtchristliche Jesusdeutungen der Gegenwart« angeregt worden, das im Wintersemester 1974/75 unter der Leitung von Prof. Dr. W. Kasper am kath.-theologischen Fachbereich der Universität Tübingen stattfand. Der damals unternommene Versuch, einem Gespräch zwischen den nichtchristlichen Jesusauffassungen und der kirchlichen Christologie vorzuarbeiten, wird hier aufgegriffen und weitergeführt.

Das verbreitete außerkirchliche Interesse an der Gestalt Jesu wurde in den letzten Jahren von theologisch interessierten Kreisen mit wachsender Aufmerksamkeit registriert. Eine inzwischen ansehnliche Reihe meist zusammenfassender Darstellungen hat namentlich über die jüdischen, atheistisch-humanistischen und marxistischen Jesusrezeptionen, aber auch über die Jesusbilder der Literaten und der sogenannten Jesus-Bewegung berichtet[1]. Die teils ungebrochene, teils unvermutet neuartige Faszination, die Person und Sache Jesu über den kirchlichen Bereich hinaus ausüben, und die vorwiegend positive Würdigung, die sie finden, wurden durchweg mit ehrlicher Freude vermerkt. Freilich ließen sich auch grundlegende Anfragen an die Kirchen, an ihre Lehre und Praxis, nicht überhören. Die Tatsache außerkirchlicher Jesustraditionen muß ja schon als solche eine Infragestellung bedeuten, und an Deutlichkeit, mit der diese artikuliert wird, fehlt es überdies nicht. Seitens der Theologen sind die Hauptmotive solcher Kritik gelegentlich zusammengefaßt und als Anlaß zur Gewissens-

---

[1] Zu den im ersten Teil dieses Buches behandelten Jesusdeutungen vgl. *W. Post*, Jesus in der Sicht des modernen Atheismus, Humanismus und Marxismus, in: *F. J. Schierse* (Hg.), Jesus von Nazareth, Mainz 1972, 73–96; *W. P. Eckert*, Jesus und das heutige Judentum, in: *F. J. Schierse* (Hg.), aaO. 52—72; *J. M. Lochman*, Christus oder Prometheus?, Hamburg 1972 (Furche-Stundenbücher 106); *H. Rolfes*, Marxistische Jesusdeutungen, in: *ders.* (Hg.), Marxismus – Christentum, Mainz 1974, 34–58; *W. Dantine*, Jesus von Nazareth in der gegenwärtigen Diskussion, Gütersloh 1974 (Gütersloher Taschenbücher 85); *H. Fries*, Zeitgenössische Grundtypen nichtkirchlicher Jesusdeutungen, in: *L. Scheffczyk* (Hg.), Grundfragen der Christologie heute, Freiburg 1975 (Quaestiones disputatae 72); *H. G. Pöhlmann*, Wer war Jesus von Nazareth?, Gütersloh 1976 (Gütersloher Taschenbücher 109).

erforschung und als theologische Problemanzeigen akzeptiert worden[2]. Auch zeigte sich die Bereitschaft, die Grundaussagen der überlieferten Christologie neu zu durchdenken[3]. Überwiegend jedoch blieb es dabei, kirchliche und nichtchristliche Jesusdeutungen gegenüberzustellen oder Einzelprobleme, vor allem historischer Art, zu diskutieren.

Eine Begegnung mit den Jesusautoren, die im folgenden vorgestellt werden, führt nun freilich schon bald zu der Einsicht, daß sich die Auseinandersetzung mit ihnen nicht auf historische Fragen eingrenzen läßt. Denn weil ihre Darstellungen vor allem die Absicht verfolgen, der unablösbar mit unserer Geschichte und Kultur verbundenen Jesusgestalt aktuelle Bedeutung abzugewinnen und sie als Symbol gegenwärtig sinnvollen Menschseins in Anspruch zu nehmen, können sie die historisch-exegetischen Probleme relativ großzügig behandeln und bisweilen sogar als unbedeutend einstufen[4]. Selbst wo der »historische Jesus« gesucht wird, weil man sich von ihm Orientierung und Bereicherung für die eigenen Auffassungen verspricht, bleiben grundsätzliche Vorentscheidungen in Geltung. Dem widerspricht nicht, daß er gleichzeitig als Instanz gegen die Dogmen und Ansprüche der Kirche ins Feld geführt wird. Schon die Geschichte der neuzeitlichen Jesusrezeptionen ist reich an Beispielen dafür, wie eng der kirchenkritische Rückgriff auf Jesus und seine »freie Aneignung« zusammengehören. Daß ein solches Verfahren die angerufene Autorität freilich zugleich untergräbt, mochte man – solange man ihrer bedurfte – als Dilemma empfinden. Für die gegenwärtigen Jesusautoren

---

[2] Vgl. *H. Fries,* Zeitgenössische Grundtypen, 71–76; *W. Dantine,* Jesus von Nazareth, 51–86.

[3] Vgl. *J. M. Lochman,* Christus, 77–106; *W. Dantine,* Jesus von Nazareth, 87–126.

[4] So ausdrücklich Gardavsky, für den die Bedeutung Jesu als geschichtlich wirksamen Modells eines bestimmten menschlichen Bewußtseins nicht von historischen Untersuchungen abhängt. In ähnlicher Weise sucht Kolakowski einen philosophischen Zugang zu Jesus; seine Aufmerksamkeit gilt den universal gültigen Werten, die mit dem Namen Jesu verknüpft sind. Auch Jaspers' idealtypisches Verstehen geht bewußt über das historisch Prüfbare hinaus. Bloch nennt seine enttheokratisierende Bibelauslegung offen parteilich. Ebenso eindeutig ist Fromms sozialpsychologische Analyse der frühkirchlichen Glaubensentwicklung von praktischen Optionen geleitet. Die ausführlichsten Erörterungen exegetischer Fragen finden sich bei Machovec und Ben-Chorin; während sie Machovec dazu führen, sich klar von gewissen mythologischen Anschauungen Jesu zu trennen, liegt Ben-Chorin alles daran, Jesus möglichst nahtlos in die eigene jüdische Tradition einzufügen. Vgl. dazu die einschlägigen Abschnitte im ersten Teil dieses Buches, ferner zur grundsätzlichen Problematik der Rückfrage nach Jesus die Thesen I, III und IV des zweiten Teils.

indessen fallen die traditionellen Legitimationszwänge weg. Auch wenn sie den nachhaltigen Einfluß der christlichen Überlieferung nicht unterschätzen und bewußt die Anknüpfung an sie suchen, hängen die Ideen, die sie mit Jesus verbinden und beispielhaft in ihm dargestellt finden, in ihrer Gültigkeit doch so wenig an ihm, daß er vielmehr noch selbst unter ihrer Beurteilung steht.

Es versteht sich von selbst, daß mit derartigen Beobachtungen die verbindliche Bedeutung, die Jesus nach kirchlicher Auffassung zukommt, keineswegs schon gerechtfertigt ist. Ebensowenig wollen sie unterschlagen, daß auch die theologisch-kirchliche Jesusdeutung von Voraussetzungen abhängt, die wie die aller anderen Autoren expliziert werden müssen. Allerdings wird – wenn dies klar ist – die Tragweite der gegenwärtigen Jesusdebatte erst recht deutlich: in ihr stehen eben die verschiedenen grundlegenden Entwürfe sinnvollen Menschseins selbst auf dem Spiel. Soll das Gespräch zwischen ihnen nicht ins Leere verlaufen, müssen ihre theoretischen und praktischen Implikationen aufgesucht und ihre Begründung und Rechtfertigung zur Diskussion gestellt werden. Dabei ist jeweils genau die Rolle zu klären, die dem Rückgriff auf Jesus zukommt. Zugleich jedoch darf – wenn die Auseinandersetzung Gewinn bringen soll – das Bemühen nicht fehlen, eine Verständigung über die Kriterien zu finden, nach denen ein verbindlicher Vergleich und Wettstreit der unterschiedlichen, mit Jesus verbundenen Sinnentwürfe überhaupt stattfinden kann.

Die damit aufgeworfenen systematischen Fragen beschäftigen ausdrücklich erst den zweiten Teil dieser Schrift. Er gibt Rechenschaft über die Eigentümlichkeit der kirchlichen Jesustradition, indem er sie nach Form und Inhalt erläutert und das durch sie vermittelte Menschenbild im Blick auf die nichtchristlichen Gesprächspartner in seinen Grundbestimmungen entfaltet. Darüber hinaus versucht er allgemeinverbindliche Maßstäbe für ein an Jesus orientiertes Gespräch über den Menschen namhaft zu machen und an die Christologie selbst anzulegen. Doch möchten bereits die Darstellungen des ersten Teils der systematischen Zielsetzung dienen. Deshalb werden die Jesusbilder der ausgewählten Autoren nur den Grundzügen nach referiert[5], zugleich jedoch – wenigstens skizzenhaft – im Rahmen

---

[5] Eine Ausnahme bildet das Kapitel über Ben-Chorin. Die Fülle der Einzelheiten, die den Reichtum seiner jüdischen Sicht Jesu ausmacht, mußte im Referat wenigstens zum Teil berücksichtigt werden. Zugleich bot sich die Gelegenheit, in der Auseinandersetzung mit Ben-Chorin einige der exegetischen Voraussetzungen des christlichen Jesusverständnisses zu erläutern. – Zudem sei hier angemerkt, daß sich Ben-Chorin von den anderen behandelten Autoren inhaltlich

ihrer methodischen und theoretischen Voraussetzungen betrachtet sowie aus ihrer gesellschaftlichen Situation und ihren praktischen Interessen verständlich gemacht. Die Beobachtungen und kritischen Anfragen schließlich, die in den jeweiligen Schlußerörterungen formuliert und teils aus der Perspektive der Theologie erhoben, teils an ihre eigene Adresse gewandt sind, wollen Probleme signalisieren, die der zweite Teil aufgreift und im Zusammenhang diskutiert.

Ob der so begonnene Versuch das Ziel einer Begegnung erreicht oder nur einmal mehr den Zwängen monologischer Apologetik erliegt, läßt sich vorweg nicht entscheiden. Daß er überhaupt auf Unterscheidungen Wert legt, sollte jedenfalls nicht von vornherein als Mangel an Lernbereitschaft ausgelegt werden. Allerdings kann die christliche Theologie, wenn sie ihren Kritikern nicht blindlings jegliches Recht abstreiten will, sich die Auseinandersetzung mit der eigenen Tradition nicht ersparen. Auch an ihr wird sie Scheidungen vornehmen und sich selbst darüber klar werden müssen, welche Rolle sie bei ihrer Fortgestaltung ausüben will. Angesichts der von vielen als kaum noch überwindbar eingeschätzten Entzweiung, in die sich die Kirchen zur neuzeitlichen Freiheitsgeschichte gebracht haben, läßt sich nicht einmal die Frage abtun, ob es nicht ehrlicher und verantworteter sei, die radikale Geschichtlichkeit des Christlichen durch die Einwilligung in seine Säkulariate anzuerkennen, die Reduktion auf seine ethische Tendenz mitzuvollziehen und dabei schließlich auch die Person Jesu zugunsten seiner Sache auf sich beruhen zu lassen[6]. Wer diese Konsequenz *nicht* als

---

durch seinen dezidierten Theismus unterscheidet; in der Ablehnung des kirchlichen Glaubens, der in Jesus die geschichtlich-endgültige Zuwendung Gottes erkennt, stimmt er mit ihnen jedoch überein. Daß schließlich die Jesusdarstellung Ben-Chorins überhaupt in das Gespräch mit den Jesusdeutungen der Philosophen einbezogen wird, dürfte wegen der Nähe, die Grundzüge seiner Auslegung zu Motiven zeitgenössischen Philosophierens aufweisen, gerechtfertigt sein. Nicht weniger muß es umgekehrt auffallen, daß alle im ersten Teil zu Wort kommenden Philosophen entweder in ihrem gesamten Denken von jüdischem Erbe geprägt sind oder doch zumindest der Kenntnis jüdischer Überlieferungen und jüdischen Geistes für ein Verständnis Jesu große Bedeutung beimessen. – Einen Sonderfall anderer Art stellt das »Christusdogma« von Fromm dar, sofern in diesem Essay die Analyse des frühchristlichen Glaubens im Mittelpunkt steht und eine eigene Jesusdeutung nur am Rande erscheint. Doch schien die Berücksichtigung wenigstens einer Arbeit, welche die frühkirchliche Dogmenentwicklung ausführlich thematisiert und ihre Kritik methodisch durchführt, für ein Buch, das eine Begegnung zwischen kirchlicher und nichtchristlichen Jesusdeutungen sucht, von besonderem Interesse.

[6] Vgl. *J. Nolte*, Die Gestalt und Rolle Jesu in der neuzeitlichen Religionskritik.

die angemessene ansieht, wer vielmehr meint, es der gemeinsamen geschichtlichen Situation schuldig zu sein, daß er in ihr an Jesus Christus als die Selbstoffenbarung Gottes erinnert, muß für diese Entscheidung seinerseits einstehen und ihre humane Bedeutung darlegen können.

Christlicher Glaube wird es als Ermutigung empfinden, wenn sein eigentümlicher Beitrag für die gemeinsame Geschichte von den humanistischen Partnern gesehen und gelegentlich ausdrücklich anerkannt wird. So hat etwa – neben anderen – Lombardo-Radice die christliche Reflexion über den absoluten Wert des menschlichen Individuums als Bereicherung für das marxistische Denken gewürdigt, weil – so argumentiert er – ein solches Prinzip mit marxistischen Voraussetzungen wohl vereinbar, nicht aber aus ihnen ableitbar sei[7]. Doch finden sich solche Überlegungen selten, und sie bleiben ohne Einfluß darauf, daß bei der Aneignung der biblischen und christlichen Tradition die übernommenen Gehalte durchweg von den Voraussetzungen ihres Ursprungs abgelöst werden. Gerade an den schönsten Beispielen der Annäherung wird die verbleibende Grunddifferenz sichtbar[8]. Machovec z. B. kann ein Leben nach den Weisungen Jesu durchaus als »Vorgriff auf das Königreich Gottes« charakterisieren, gleichzeitig aber die Basileia-Vorstellung selber als illusionistisch bezeichnen und sie sich deshalb nur als Bild für ein anspruchsvolles Menschsein aneignen. Mit ähnlicher Aufmerksamkeit wird von Gardavsky die Korrelation wahrgenommen, die zwischen dem biblischen Gottesgedanken und der Entwicklung des menschlichen Selbst- und Geschichtsbewußtseins besteht; doch wird das erste Moment sogleich als Funktion des zweiten durchschaut und – weil für den Fortgang der Freiheitsgeschichte angeblich entbehrlich, wenn nicht gar schädlich – der Idee des ganz auf sich selbst gestellten und sich selbst überschreitenden Menschen geopfert. Als besonders charakteristisches Merkmal derartiger Transpositionen muß die hypothetische Wendung auffallen, in welcher der rezipierte Inhalt häufig erscheint. Hier sei nur die Formulierung erwähnt, die Garaudy – im Gedenken an die unversöhnten Opfer der Geschichte – für sein »Postulat der Hoffnung« geprägt hat. »Entweder«, so schreibt er, »ist mein Ideal vom zukünftigen Sozialismus eine abstrakte Idee, die den Auserwählten der Zukunft einen

---

Unvermutete Christologie in außertheologischen Texten, in: *ders.*, Theologia experimentalis. Übergänge zu einer Metatheologie, Düsseldorf 1975, 109–119.

[7] Vgl. *L. Lombardo-Radice*, Sohn des Menschen, in: *I. Fetscher / M. Machovec* (Hg.), Marxisten und die Sache Jesu, München / Mainz 1974, 17–21.

[8] Wo im folgenden keine Belege erscheinen, vgl. die Darstellungen im ersten Teil dieses Buches.

möglicherweise durch die jahrtausendelange Vernichtung der Massen erlangten Sieg zuspricht, oder aber alles geschieht so, *wie wenn* mein ganzes Tun sich auf den Glauben an die Auferstehung der Toten gründete«[9]. Doch mögen diese Beispiele genügen, um den Punkt anzudeuten, von dem der christliche Glaube jedenfalls nicht absehen kann. Denn ein Gedanke, wie seine Tradition ihn bezeugt, daß nämlich Gott selbst sich dem Menschen zugewandt und endgültige Hoffnung verbürgt hat, ist zu groß, um ihn einfach auf sich beruhen zu lassen. Auch wenn er von den Christen selber immer wieder desavouiert und zur ideologischen »Mythologie der Erfüllung« (Bloch) pervertiert worden sein mag, verdient er es dennoch, im Streit um den Menschen geprüft und vergegenwärtigt zu werden. Denn ob menschliches Dasein dadurch gewinnt, daß es von Forderungen statt von Verheißungen ausgeht, und ob es sich tatsächlich freier und schöpferischer entfaltet, wenn es alles, was es erwarten darf, erst selber hervorbringen muß, dürfte keineswegs schon ausgemacht sein. Ebenso denkbar wäre der Fall, daß es mit der Begründung seiner Hoffnungen schließlich auch deren Perspektiven verlöre, denkbar auch, daß die Freiheit – durch die Fragen, auf die sie die Antwort vergaß oder nicht mehr annehmen mag, dennoch weiter beunruhigt – vor der Last ihrer eigenen Rechtfertigung erschrickt und sich unter ihr wie gelähmt fühlt. »Erwarte nicht von mir«, heißt es mit unerwarteter Ausdrücklichkeit in einem Roman Peter Handkes, »daß ich dir den Sinn deines Lebens liefere«[10]. Und Albert Camus, der entschieden wie kaum ein zweiter auf die immanenten Sinnmöglichkeiten menschlicher Freiheit setzte, hat nicht weniger deutlich ihre Aporien genannt. Insbesondere durch das klare Bewußtsein der Schuld könne das bloße Weitermachen zu etwas Übermenschlichem werden. »Es ist leicht, es ist soviel leichter, an seinen Widersprüchen zu sterben, als mit ihnen zu leben«[11].

Christlicher Glaube hat wahrhaftig keinen Anlaß, solche Äußerungen mit besserwisserischer Genugtuung zu hören. Dennoch weisen sie auf die Sache, für die er eintreten muß. Wenn es stimmt, daß er einmal einen entscheidenden Einfluß auf die Freiheitsgeschichte ausübte, kann ihm ihr weiteres

---

[9] *R. Garaudy,* Glaube und Revolution. Die Postulate schöpferischer Existenz des Menschen, in: *I. Fetscher / M. Machovec* (Hg.), aaO. 22–45, 43 (Hervorhebung vom Verfasser).

[10] *P. Handke,* Die Stunde der wahren Empfindung, Frankfurt 1975, 116.

[11] *A. Camus,* Die Gerechten, in: *ders.,* Dramen, Hamburg 1959, 239–301, 296; vgl. ferner *ders.,* Der Fall, Reinbek b. Hamburg 1968 (rororo-Taschenbuch 1044), 92–98.

Schicksal nicht gleichgültig sein. Er bleibt es ihr schuldig, gegen die Tendenzen der Entmutigung in ihr an die Verheißungen ihres Ursprungs zu erinnern. Freilich hält er damit zugleich einen Horizont offen, an dem alle Sinnverwirklichung zu messen sein wird. Obwohl er kein Recht hat, den ungebrochenen und zuweilen heroischen Enthusiasmus, der die Sinnentwürfe der Nichtchristen trägt und immer wieder auch in ihren Jesusdeutungen durchscheint, zu diskreditieren, kann er ebensowenig vergessen, daß er in Jesus nicht nur ein Bild überhöhten und gesteigerten Menschseins, sondern den *Gott* der Menschen erkannt hat. Diese Wahrheit wird dem Glauben nicht nur die Mühe theoretischen Nachdenkens wert sein. Mehr noch wird er nach Wegen suchen, auf denen sich die in ihr erschlossene Daseinserfahrung mitteilen läßt. Deshalb wird er sich mit den aktiven Anstrengungen seiner Zeitgenossen verbünden, ihre humanen Ziele mittragen und sich ihren Einsichten nicht verschließen. Dabei wird er auch die eher verhaltenen Stimmen beachten, in deren Erinnerung an Jesus die Ahnung eines »anderen« Lebens anklingt: die Stimme eben Camus' etwa, der des öfteren seine Freundschaft zu Jesus, dem »nichts Menschliches fremd war«, gestand und als möglichen Sinn des Glaubens, den er nicht teilte, ein Leben der Vergebung andeutete[12]; oder auch das Zeugnis Franz Kafkas, der Christus einen »lichterfüllten Abgrund« und sich selbst einen »Anwärter der Gnade« genannt hat[13].

Diese vorgreifenden Hinweise schienen nötig, um die Optionen offenzulegen, die der folgende Versuch einer Begegnung mitbringt. Eine »Entchristlichung zu Jesus hin«, die sich seines Gottes »entledigen« würde[14], müßte er in der Tat als Verarmung ansehen. Dennoch ist er von der Hoffnung geleitet, daß die Zeiten steifer weltanschaulicher Konfrontationen vorbei sind. Gerade in der Tatsache, daß heute die engagiertesten Auseinandersetzungen den Menschen selbst und seine Freiheit betreffen und daß sie besonders lebendig sind, wo sie sich an der Gestalt Jesu entzünden, liegt eine Chance. Denn offenbar reichte seine Wirkung zu weit, als daß eine der auf ihn bezogenen Traditionen den Anspruch

[12] Vgl. *A. Camus*, Der Fall, 92–98; zu diesem Roman vgl. *J. Blank*, Am Rande des Kontinents oder Die spätbürgerliche Hölle, in: *ders.* (Hg.), Der Mensch am Ende der Moral, Düsseldorf 1971, 9–33; zum Gespräch mit Camus s. *H.-R. Schlette* (Hg.), Wege der deutschen Camus-Rezeption, Darmstadt 1975.

[13] Vgl. *G. Janouch*, Gespräche mit Kafka. Aufzeichnungen und Erinnerungen, Frankfurt 1968, 223.

[14] Vgl. *K. Farner*, Jesus als Brandstifter – Christus als Brandlöscher. Versuch einer provozierenden Skizze, in: *I. Fetscher / M. Machovec* (Hg.), Marxisten, 62–66.

erheben könnte, seine Bedeutung erschöpfend zum Ausdruck zu bringen. Je mehr deshalb die Theologen es lernen, sich bei ihrer Rede von Gott an Jesus selbst zu orientieren, und je mehr sie dabei bereit sind, sich von Nichtchristen die vergessenen Züge seiner Menschlichkeit wieder erschließen zu lassen, je aufmerksamer gleichzeitig die Nichtchristen bei ihrer Suche nach authentischem Menschsein auf Jesus selbst achten und unbefangen auch den Sinn seiner Reich-Gottes-Botschaft erwägen, desto weniger muß es dabei bleiben, daß an der Gestalt Jesu vor allem Unterschiede bewußt und Trennungen festgemacht werden. Jesus selber könnte zu einem Grund der Verständigung werden. –

Eine Arbeit, die ausdrücklich eine Begegnung zwischen nichtkirchlichen Jesusauffassungen und Christologie sucht, kommt nicht umhin, auch in der innertheologischen Diskussion Position zu beziehen. Diesen Gesichtspunkt zu entfalten, ist jedoch nicht Ziel des vorliegenden Buches. Ebensowenig kann es die zahlreichen Anregungen vermerken, die es den Bemühungen gegenwärtiger Theologen verdankt. Doch sollen die christologischen Ansätze von K. Rahner[15], H. U. v. Balthasar[16], W. Kasper[17] und W. Pannenberg[18] hier wenigstens genannt und dankbar erwähnt sein.

---

[15] K. Rahner hat der kath. Theologie entscheidende Anstöße zur Neugestaltung der Christologie gegeben; er hat sie insbesondere auf das Bemühen um anthropologische Vermittlung verpflichtet. Aus der Fülle seiner Veröffentlichungen seien hier nur genannt: *K. Rahner,* Art. Anthropologie, Theologische A., in: LThK I, Freiburg [2]1957, 618–627; *ders.,* Probleme der Christologie von heute, in: *ders.,* Schriften zur Theologie I, Einsiedeln [5]1961, 169–222; *ders.,* Zur Theologie der Menschwerdung, in: Schriften zur Theologie IV, Einsiedeln [2]1961, 137–155; *ders.,* Die Christologie innerhalb einer evolutiven Weltanschauung, in: Schriften zur Theologie V, Einsiedeln 1962, 183–221; *ders.,* Art. Jesus Christus, in: Sacramentum Mundi II, Freiburg 1968, 920–957; *ders.,* Grundlinien einer systematischen Christologie, in: *K. Rahner / W. Thüsing,* Christologie – systematisch und exegetisch, Freiburg 1972 (Quaestiones disputatae 55), 15–78.

[16] Im Mittelpunkt der theologischen Arbeit H. U. von Balthasars steht das Programm einer spezifisch theologischen Wahrnehmungslehre, die »der sich selbst auslegenden Herrlichkeit der allerfreiesten Liebe Gottes« gemäß ist. Vgl. bes. *H. U. von Balthasar,* Glaubhaft ist nur Liebe, Einsiedeln 1963; *ders.,* Herrlichkeit. Eine theologische Ästhetik, Einsiedeln 1961–1969.

[17] W. Kaspers christologischer Ansatz nimmt nicht nur die christologische Diskussion der letzten Jahrzehnte auf, sondern ist auch in besonderem Maße auf die neuzeitliche Freiheits- und Sinnproblematik bezogen. Dabei werden Anregungen des Deutschen Idealismus, insbesondere der Spätphilosophie Schellings aufgegriffen und weitergeführt. Vgl. bes. *W. Kasper,* Das Absolute in der Geschichte. Philosophie und Theologie in der Spätphilosophie Schellings, Mainz 1965; *ders.,* Krise und Neuanfang der Christologie im Denken Schellings, in: Evangelische Theologie 33 (1973), 366–384; *ders.,* Jesus der Christus, Mainz 1974.

Nicht zuletzt bleibt ein konkreter Dank abzustatten: Herrn Prof. Kasper für die Anregung zur Veröffentlichung dieser Arbeit, den Freunden für ihre Gesprächsbereitschaft, den Teilnehmern des genannten Seminars für ihre engagierte Mitarbeit und Frau A. Buck für ihre Hilfe bei der Fertigstellung des Manuskripts.

---

[18] W. Pannenbergs theologisches Denken vollzieht sich im ständigen Gespräch mit Wissenschaft und Philosophie. Er geht über die Ansätze der transzendental-anthropologischen Theologie insofern hinaus, als er aus der Einsicht in die unausweichliche Geschichtlichkeit menschlicher Selbst- und Wirklichkeitserfahrung die Konsequenzen für theologische Methode und christologischen Begründungszusammenhang zieht. Er sucht die Eigenart theologischer Erkenntnis wissenschaftstheoretisch zu präzisieren und den christlichen Gottesgedanken im Horizont der neuzeitlichen Subjektivitätsproblematik zu verantworten. Vgl. *W. Pannenberg*, Grundzüge der Christologie, Gütersloh [3]1969; *ders.*, Grundfragen systematischer Theologie. Gesammelte Aufsätze, Göttingen 1967; *ders.*, Gottesgedanke und menschliche Freiheit, Göttingen 1972; *ders.*, Wissenschaftstheorie und Theologie, Frankfurt 1973. – Außer den Arbeiten der genannten Theologen seien noch einige Veröffentlichungen genannt, denen dieses Buch wichtige Einzelanregungen verdankt: *D. Sölle*, Stellvertretung. Ein Kapitel Theologie nach dem »Tode Gottes«, Stuttgart [4]1967; *dies.*, Atheistisch an Gott glauben, Olten 1968; *J. B. Metz*, Zur Präsenz der Kirche in der Gesellschaft, in: Die Zukunft der Kirche. Berichtband des Concilium-Kongresses 1970, Einsiedeln / Mainz 1971, 86–96; *ders.*, Erlösung und Emanzipation, in: *L. Scheffczyk* (Hg.), Erlösung und Emanzipation, Freiburg 1973 (Quaestiones disputatae 61), 120–140; *E. Jüngel*, Thesen zur Grundlegung der Christologie, in: *ders.*, Unterwegs zur Sache. Theologische Bemerkungen, München 1972, 274–295; *H. Kessler*, Erlösung als Befreiung, Düsseldorf 1972; O. *Bayer*, Was ist das: Theologie?, Stuttgart 1973; *J. Baur*, Freiheit und Emanzipation. Ein philosophisch-theologischer Traktat, Stuttgart 1974.

I. TEIL

JESUS UND DIE WEGE DES GEGENWÄRTIGEN HUMANISMUS

(Skizzen und Anfragen)

I. JESUS – MASSGEBLICHER MENSCH (JASPERS)

Die Zeit, in der die Theologie in der sogenannten Existenzphilosophie ihren bevorzugten Gesprächspartner suchte, scheint zwar endgültig vorbei, dennoch dürfte ein Rückblick auf die Jesusdarstellung von *Karl Jaspers* angebracht sein[19]: einmal, um sich gegenwärtig zu halten, wie sehr seine Philosophie das theologische Reden häufig auch da noch prägt, wo es darum schon nicht mehr weiß, zum anderen deshalb, weil seine Ausführungen über Jesus eine Haltung von konservativer Ehrfurcht und zugleich liberaler Distanz repräsentieren, die immer noch weit verbreitet sein dürfte, auch wenn sie nur selten die gleiche Ergriffenheit spürt und denselben Ernst aufbringt, die Jaspers' Darstellung prägen und von ihr intendiert sind. Darüber hinaus könnte die Erinnerung an Jaspers für philosophisches und theologisches Denken auch aus sachlichen Gründen sich lohnen. Seitdem dieses nämlich die existenzphilosophischen Ansätze bewußt überschritten und sich den Problemen konkreter Geschichtsgestaltung zugewandt hat, konnte es zwar praktische Bestimmtheit und Verbindlichkeit gewinnen, dennoch müßte es auf die Dauer seine menschliche Orientierung verlieren und zuletzt auch wieder an praktischer Bedeutung einbüßen, wenn es über der Dringlichkeit geschichtlicher Aufgaben die Unbedingtheit, mit der Philosophen wie Jaspers die Frage nach dem Sinn der Existenz stellten, einfach vergessen oder beide Motive gegeneinander ausspielen wollte.

Die Wahrnehmung menschlicher Größe

Es entspricht der Absicht einer Philosophie, die auf die Erweckung des Menschen zum Selbstsein hinzielt und einen Halt gegen sein Absinken in geschichtslose Nichtigkeit anbieten möchte, die Geschichte der Philosophie als Geschichte der großen Philosophen zu schreiben. Denn dann

---

[19] Vgl. *K. Jaspers,* Die großen Philosophen I, München 1959, bes. 186–228 (im Text nur mit Seitenangabe zitiert). Für die außerdem herangezogenen Werke des Autors werden folgende Siglen verwendet: W = Von der Wahrheit, München 1958; G = Der philosophische Glaube angesichts der Offenbarung, München 1962.

kommt es, statt daß man sich in die Fülle der Einzelprobleme ihrer Gedankensysteme verliert, primär darauf an, in ihrem Denken die lebendige Bewegung zu erkennen, die noch oder gerade in ihrem Scheitern zum sprechenden Hinweis auf die Transzendenz werden kann. Dieser Bezug der Existenz auf das Ganze des Daseins und die es gründende Transzendenz macht ihre Unersetzlichkeit aus, so wie umgekehrt die Unvertretbarkeit der Existenz der Grund dafür ist, daß das Geschehen der Wahrheit, um das es nach Jaspers der Philosophie zu tun ist, von dem Vollzug dieser Beziehung nicht ablösbar ist. Wo es einem Philosophen gelingt, solches Existieren durch das Medium seines Werkes zur objektiven Darstellung zu bringen und – diese sogleich überschreitend – es gerade hinsichtlich seines jeden betreffenden Anspruchs zur verbindlichen Wahrheit für alle zu machen, spricht Jaspers von Größe. Wahrnehmbar ist diese darum auch nur für den, der ihr Erscheinen in ihrer Welt und ihrer Zeit zugleich als Durchbruch durch sie auffaßt, der also, statt sie als Erscheinung nur zu imitieren, sich durch sie vielmehr aufrufen läßt, das zu werden, was er selber sein kann. »Die Möglichkeit des eigenen Wesens ist das Mittel für die Wahrnehmung der Größe« (31). Sosehr also durch die Großen die Möglichkeiten des Menschseins Verwirklichung finden und dadurch dem einzelnen offenbar werden, bleibt ihm doch wegen der Differenz, die zwischen der Wahrheit und ihrer Erscheinung besteht, die Aufgabe unabnehmbar, in eigener Gestalt und in ursprünglicher »Geschichtlichkeit«, d. h. aus dem Grunde der Transzendenz selber, seine Existenz zu gewinnen. Freilich wird durch die Einsicht in jene grundlegende Differenz dem Denken auch der Verzicht auferlegt, irgendeine Erscheinung der Wahrheit als absolut zu fixieren. Eigentümliche Aufgabe der Philosophie muß es insbesondere sein, in der Helligkeit ihrer Vernunft jede Menschenvergötterung zu tilgen. Nur wenn es alle fanatische Verschlossenheit aufbricht und sich zu einer Kommunikation bereit findet, die noch das Fremdeste in seiner Größe gelten läßt, kann sich Philosophieren nach Jaspers vollziehen.

Mit dem Gesagten ist bereits Wesentliches für Methode und Inhalt der Darstellung Jesu entschieden. Jaspers nennt ihn – wie sonst nur noch Sokrates, Konfuzius und Buddha – einen maßgeblichen Menschen. Diese vier haben nämlich wie keine anderen durch ihr Dasein und Wesen das Menschsein geschichtlich bestimmt und sind – obwohl sie nicht eigentlich zur Gruppe der »fortzeugenden Philosophen« oder der »aus dem Ursprung denkenden Metaphysiker« zählen – zum unerschöpflichen Anlaß auch gewaltiger philosophischer Denkbemühungen geworden. Ihre Größe kann sich noch heute eindringlich und wirksam erweisen, denn »in ihnen werden Erfahrungen und Antriebe des Menschseins im Äußersten kund« (227). Bei aller Besonderheit ihres Charakters und ihrer geschichtlichen Situation ist ihnen gemeinsam, »sich an eine tiefste Innerlichkeit zu wenden, die noch vor allem Tun liegt, und darin bezogen zu sein auf etwas unbedingt Gültiges, auf das Sein selbst, auf die Ewigkeit, auf Gott, auf eine in Urbildern sich zeigende Ordnung – oder wie sonst dies Andere heißt, das dadurch, daß es auf solche Weise gegenständlich (objektiv) gedacht wird, schon nicht mehr ist, was es eigentlich ist« (224). Das Verstehen kommt deshalb erst zu seinem Ziel, wo der Unbefangene sich von der Wirklichkeit der maßgebenden Menschen unmittelbar ansprechen läßt und durch die Quellen hindurchblickend und auch den Irrtum riskierend eine idealtypische Konstruktion versucht. Aus eigenem Ergriffensein soll er die verläßlichen und wahrscheinlichen Ergebnisse der Forschung mit dem nur Möglichen zu einem Bilde verbinden, das durch seinen inneren Zusammenhalt überzeugt. Die Aussonderung des historisch gewissen Tatbestandes allein würde bei einem Minimum enden, das in seiner Armut gleichgültig wäre. Dementsprechend erreicht die Beschreibung der Gestalt Jesu bei Jaspers ihre Höhe im Entwurf der Wesensidee, und es ist leicht zu verfolgen, wie schon die vorangehende Charakterisierung der Verkündigung Jesu, die Jaspers im Anschluß an A. Schweitzer, M. Dibelius und R. Bultmann unternimmt, von dieser Perspektive ihre Konturen erhält (186 ff).

Die Wesensidee Jesu

Historisch gesehen, muß der Gottesglaube Jesu als eine der großen Gestaltungen der biblisch-jüdischen Religion gelten, insbesondere der Glaube der Propheten findet in ihm seine höchste Aufgipfelung. Jesus teilt die apokalyptischen Anschauungen seiner Zeit, doch werden sie ihm, der mit ihnen vollkommen Ernst macht, nur zum *Ausdruck* seiner Gottesgewißheit; der Sinn seiner Haltung wird also nicht dadurch aufgehoben, daß sich die Erwartung der unmittelbar bevorstehenden Katastrophe als Irrtum erwies. Daß Jesu ganzes Leben von der Gottheit durchleuchtet erscheint – das gibt ihm seine Wahrheit. In der Erfahrung, von ihr sich geschenkt zu werden, ist seine Seele zu sich selber erwacht und weit geworden »im schlechthin Umgreifenden« (204). Jesu einzigartige Freiheit und wundersame Unbefangenheit haben hier ihren Ursprung. Zugleich verschwindet alles Weltsein im Glanze des Gottesreiches. Schlechthin alle Ordnungen, insbesondere wo sie sich absolut setzen wollen, die Bande der Pietät, der Satzungen, der vernünftigen Sittengesetze brechen ein. »Nirgends ist so revolutionär gesprochen worden, denn alles sonst Geltende ist als ein Gleichgültiges, nicht zu Achtendes gesetzt«, beschreibt Jaspers mit Hegel (205). »Die absolute Transzendenz des Einen Gottes ... kommt aus der Weltüberlegenheit und bringt Weltüberlegenheit hervor. Er ist das Umgreifende alles Umgreifenden und erweckt das tiefste, absolute Vertrauen. Er ist die Macht schlechthin, nicht eine Macht«, ein freies Verhältnis zu ihm »ist wahrhaftig nur in der tiefsten Innerlichkeit« (W 692 f).

Für den Glauben, der im Augenblick »zwischen den Zeiten«, auf der Schwelle von Weltsein und Gottesreich lebt, ist Gott alles in allem, und dies ist entscheidend. Was Welt ist, sinkt zum verschwindenden Hinweis herab für das, was im Glauben schon ankommt. Deshalb tritt Jesus nicht als Philosoph auf, der Wissen verkündet, sondern lädt zum Sinn des Daseins in paradoxen Gleichniserzählungen ein; seine beispielhaften Handlungen verfolgen nicht die programmatischen Ziele von Sozialreformern oder Politikern, die umwälzend oder staatsgründend handeln, denn er läßt die Welt, wie sie ist. Auch keine neue Ethik hat er verkündet, sondern das biblische Ethos aus seinem Ursprung »wahr« gemacht und ohne Rücksicht auf weltliche Folgen verwirklicht. Seine Gebote fordern ein Sein, nicht äußeres Tun, sie sind Imperative für einen Menschen, »der nur Gott und den Nächsten kennt und handelt, als ob keine Welt, keine Antinomien ihrer Realität beständen ..., als ob der Mensch ... keine Aufgabe von Weltgestaltung und Verwirklichung mehr hätte« (190). Gegenüber dem Anspruch des Gottesreiches »sind alle anderen Aufgaben nichtig. Arbeit für den Unterhalt, Schwüre vor Gericht, Selbstbehauptung des Rechts, des Eigentums, alles ist nichtig. Zu sterben durch die Mächte dieser Welt, in Leid, Verfolgung, Mißhandlung, Entwürdigung zugrunde zu gehen, ist das Gehörige für den, der glaubt« (205).

Selbst im Äußersten der Welt stehend, macht Jesus die Chance alles dessen offenbar, was nach weltlichen Maßstäben als niedrig, krank, häßlich, als verloren und verachtenswert gilt. Seine Gottesgewißheit befähigt ihn, wahrhaftig und unverstellt Leid wahrzunehmen, sich den Betroffenen zuzuwenden und selbst in grenzenloser Bereitschaft es auf sich zu nehmen. Sein Vertrauen erweist sich dabei als so stark, daß auch das Schreckliche und schlechthin Unverständliche nicht zum Grund gegen Gott wird: kein Hiobsgedanke ist mehr in Jesus (194). Freilich ist dieses Zuhause, zu dem

Jesus durchbricht, ein von der Welt her gesehen unmöglicher Ort. Den Wohlgeratenen und Erfolgreichen, den Moralischen und Glücklichen mußte Jesu Verhalten deshalb zum Ärgernis werden. Jaspers versäumt es zudem nicht, dem Bild sanftmütiger Heiterkeit, das Nietzsche im »Antichrist« zeichnet, den Zug kämpferischer Unbedingtheit hinzuzufügen: »In den Evangelien begegnet Jesus als eine elementare Gewalt, in ihrer Härte und Aggressivität nicht minder deutlich als in jenen Zügen unendlicher Milde ... Es geht nicht an, aus Jesus eine duldende, weiche, liebende Gestalt zu machen, noch weniger einen nervösen, widerstandslosen Menschen« (200 f). Dennoch stimmt es nur schlecht zum Gesamtbild, daß Jesus den entscheidenden Konflikt vermutlich auch äußerlich selbst provozierte: »Wenn Jesus kein aktiver Politiker (keiner der sogenannten Zeloten) war, keine soziale Revolution wollte, wenn er auch nicht in den Märtyrertod zur Bezeugung seines Bekenntnisses drängte, wenn er ein glaubendes, Gottes Handeln erwartendes, aber nicht erzwingendes Leben führte, wenn ihm das Demonstrative fernlag, vielmehr all sein Leben Gehorsam gegen Gottes Willen war, so ist sein Handeln schwer zu verstehen. Denn er rief durch Gewalt (Tempelreinigung, Volksbewegung) die Gewalt gegen sich auf. Was er erduldete, war das Ergebnis seiner Tat« (197). Doch welche Umstände im einzelnen auch immer den Anlaß zu seinem Untergang boten, seine innere Notwendigkeit berühren sie nicht: Jesus starb, weil er es wagte, die Wahrheit zu sagen und wahr zu sein. So wird in seinem Schicksal die Nichtigkeit alles Weltlichen endgültig enthüllt. Indem Jaspers das Scheitern als die notwendige Weise begreift, wie die unbedingte Wahrheit eines Lebens in einer Welt, die nur Bedingtheit zuläßt, zur letztgültigen Erscheinung gelangt, kann er das Kreuz philosophisch als das Symbol interpretieren, in dem »die Grundwirklichkeit des Ewigen in der Zeit angeschaut« wird (207). Deshalb mußte Jesus auf dem Wahrheitssinn des Leidens bestehen und es bis zur Vernichtung ertragen, weil erst das Scheitern alles dessen, was Welt ist, »die Vergewisserung des Eigentlichen« ermöglicht und erst an der äußersten Grenze »der Verlorenheit und Verlassenheit dieses Minimum des Bodens gespürt wird, das dann alles ist, die Gottheit« (207).

Kirchlicher und philosophischer Glaube

Nur aus der unmittelbaren Wirkung der Persönlichkeit Jesu auf die empfänglichen Jünger läßt sich nach Jaspers erklären, daß sie in der Ratlosigkeit nach seinem Tod jene grandiose Umdeutung der Hinrichtung vollzogen, die das Christentum begründete. Alles, was dabei und ferner geschah: die Erhebung einer menschlichen Wirklichkeit zum Gegenstand für den Glauben, die Umdeutung der Chiffre des wahren scheiternden Menschen zum uralten Mythos eines gottmenschlichen Opfers für unsere Rechtfertigung, die Ersetzung der Reich-Gottes-Idee durch die sich innergeschichtlich etablierende Kirche und die Einrichtung des Kultes – all das sind neue, geschichtlich äußerst wirksam gewordene Realitäten, die mit Jesus allerdings nichts mehr zu tun haben. Daß Jesus Gott sei, das läßt erst Johannes ihn sagen aus dem Begehren eines Glaubens, der nicht der Glaube Jesu war: Gott als Menschen zu sehen und sich seiner Existenz in seiner leibhaftigen Gegenwart zu versichern (G 227). Ob sich Jesu Selbstbewußtsein im Wissen um seine Berufung zur Verkündigung erschöpfte, ob es sich auch mit dem Bewußtsein eines Propheten oder schließlich vielleicht sogar des Messias verband oder ob Jesus – wie Jaspers es als ihm entsprechender ansieht – während seines Wirkens gar nicht abschließend über seine eigene Person reflektierte – solche und ähnliche Fragen finden nicht nur keine historisch entscheidbare Antwort, sie sind auch als Fragen schon aus falschem dogmatischen Interesse gestellt (198). Immer wieder hat ja der Drang zur Handgreiflichkeit, zu fester Garantie und sinnlicher Anschaulichkeit die Verabsolutierung von Endlichkeiten gefördert, hat die Transzendenz in Negativität, die Unbedingtheit in Fanatismus, die weltüberlegene Freiheit in blinden Gehorsam gegen Absurditäten verwandelt (W 693). Mit derselben Unerbittlichkeit, mit der die jüdischen Propheten jede Fixierung von Bildnis und Gleichnis als Lästerung Gottes bekämpften, muß auch Philosophie solchen Tendenzen Widerstand leisten, im Namen der Vernunft, der Freiheit der Existenz und damit der Transzendenz selber. Die Zukunft eines biblischen Glaubens, mit dem auch »philosophischer Glaube« übereinkommen könnte, hängt davon ab, wie weit es gelingt, den Glauben des Menschen Jesus wieder zur Geltung zu bringen (G 502).

Immerhin bleibt als Verdienst der Kirche anzuerkennen, trotz der Überlagerungen, die sie der Person Jesu auflastete, die Begegnung mit ihm durch die Jahrhunderte hin ermöglicht zu haben. Das Feuer, das sie in ihrem Willen zur Welt und zur Ordnung zu zähmen versuchte, brach dennoch immer wieder hervor und entzündete Menschen, die ungeduldig den Anbruch des Gottesreiches herbeizuzwingen oder den Weisungen Jesu wörtlich zu folgen und sein Vorbild auch in den Einzelheiten seiner Erscheinung nachzuahmen versuchten. Doch kennzeichnet es Jaspers, daß er – bei allem Respekt – diesen Wegen der Vergegenwärtigung Jesu ebensowenig wie seiner konfessionellen Vereinnahmung zustimmt, daß er es vielmehr ausdrücklich als Grenze Jesu bezeichnet, daß bei ihm für ein Bauen in der Welt kein Interesse besteht (223), und als erstes das klare Eingeständnis verlangt, daß wir ihm hierin nicht folgen und nicht einmal folgen wollen (G 502). Was aber kann Orientierung an Jesus dann heißen, wenn sie weder auf buchstäbliche Nachfolge noch auf das prinzipielle Gegenwarts-Nein der Rebellen, noch auf kirchliche Kompromisse hinauslaufen soll? »Jesus hat ein Leben gezeigt, dessen Sinn durch Scheitern in der Welt sich nicht vernichtet, sondern bestätigt glaubte, zwar nicht eindeutig, aber als offenbare Möglichkeit. Er zeigte das Freiwerden von der Lebensangst im Aufsichnehmen des Kreuzes. Seine Verkündigung zu hören, lehrt den Blick offen zu halten für das absolute Unheil in der Welt, verwehrt die Selbstzufriedenheit, erinnert an die höhere Instanz. Die Absurditäten seiner Worte und Handlungen können befreiend wirken« (212). Natürlich werden wir uns bewußt, daß wir in der eigenen Wirklichkeit keinem der Großen folgen; aber gerade diese Beschämung läßt uns die Notwendigkeit spüren, den uns möglichen Ernst zu finden. Denn der »Mensch lebt ... vor dem Äußersten, das er sich ständig verschleiert. Die Welt ist nicht das Erste und Letzte, der Mensch ist dem Tode verfallen, die Menschheit selber wird nicht endlos dauern« (206). In dieser Situation gilt das Entweder-Oder: für Gott oder gegen Gott, gut oder böse. An dieses Äußerste kann Jesus erinnern.

Entschiedenheit oder Indifferenz?

Es erübrigt sich wohl, ausdrücklich den Einfluß zu zeigen, den die Jaspersche Existenzphilosophie auf die Theologie der jüngsten Vergangenheit gehabt hat. Diese hatte insbesondere Anlaß, sich durch Jaspers an die Tradition der negativen Theologie erinnern zu lassen. Und auch heute kann man es wohl kaum nur als Fortschritt beurteilen, wenn die Theologie etwa über die Frage nach dem unbedingten Sinn der Existenz, wie sie Jaspers (wieder) eindringlich aufwarf, häufig leichtfertig hinweggeht, statt sich auf sie als Horizont für ihre Rede von Gott zu beziehen. »Durch die Existenz des Menschen Jesus wurde die Frage in einer nie erreichten Tiefe gestellt«, konstatiert Jaspers (G 501); daß sie in ihm darüber hinaus jedoch eine gültige Antwort gefunden haben könnte, scheidet als unvollziehbarer Gedanke für ihn aus (Hinweise seiner eigenen Jesusdarstellung – etwa zum Problem der Sündenvergebung [193] – werden deshalb von ihm nicht weiter verfolgt). Die Idee der Menschwerdung Gottes, die für die Epoche des Deutschen Idealismus noch als philosophisches Programm stand, widerspricht schon dem Ansatz seines Denkens diametral; nicht minder grundsätzlich klingt das Bekenntnis: »Ich glaube nicht an Offenbarung und habe es nie, soweit mir bewußt ist, auch nur der Möglichkeit nach getan« (G 35). Das Programm der Auflösung aller religiösen Gehalte im Vollzug philosophischen Glaubens betrifft jedoch nicht nur – wie Theologen gewöhnlich betonen – die Möglichkeit verbindlicher Offenbarung; es muß in letzter Radikalität noch den Gottesnamen zur Chiffre relativieren. »Der Eine Gott ist der hinreißende Gedanke, der innigste Glaube, das tiefste Seinsbewußtsein, ist ergreifendste Wirklichkeit und beruhigendste Gewißheit«, doch eben: »Gott ist ein Name ... kein Gedachtes, keine Kategorie«, selbst die Kategorie des »Anderen« verführt »zu dem falschen Gedanken, daß Gott gegenüber dem Sein der Welt ein anderes Sein sei« (W 690); auch »jede Weise des Sprechens der Gottheit ist nicht sie selbst«, nichts garantiert, daß es Gott ist, der spricht (W 692). Dennoch gerät die Rede von der Transzendenz, wie Jaspers sie übt, gerade indem er sie eben im Namen des unerreichbaren Gottes zur Anstrengung um äußerste Reinheit verpflichtet, ständig (solange er nämlich in dieser Weise noch redet und nicht vielmehr schweigt) in die Zweideutigkeit, einen falschen Schein von Objektivität (und von einer Ontologie) oder zumindest – da Transzendenz und Existenz offenbar nicht einfach in eins fallen sollen – eines wie auch immer gearteten Unterschieds von Gott und Mensch zu erzeugen, obwohl sie, wenn sie wahr bleiben will, eigentlich über den Akt des Transzendierens, dessen Ausdruck sie ist, nicht hinausgehen darf[20]. Je deutlicher ein Theologe diesen verwickelten Sachverhalt feststellt, desto unausweichlicher hat er natürlich seinerseits den Nachweis zu leisten, welcher philosophische Sinn denn nun der Aussage des Glaubens zukommen soll, es sei ein Gott, der sich selber in Jesus Christus auf definitive Weise geschichtlich bestimmt habe. Eine Auseinandersetzung über diese Grundlagenfrage gegenwärtiger Christologie müßte allerdings auch mit Jaspers stattfinden können, insofern faktisch auch er mit theoretischen Argumentationen (im Anschluß an Kant und den Neukantianismus) zum philosophischen Glauben hinzuführen versucht[21].

Diskussionswürdig erscheint die Jaspers'sche Darstellung aber auch hinsichtlich ihrer praktischen Relevanz. Denn offenbar vollzieht sie die

[20] Vgl. W. *Stegmüller*, Hauptströmungen der Gegenwartsphilosophie, Stuttgart ^{4}1969, 237–240.
[21] Vgl. W. *Stegmüller*, aaO. 233–237.

philosophische Gleichsetzung des endlichen mit dem nichtigen Dasein in ähnlich grundsätzlicher Weise, wie ihr geistesverwandte Existenztheologen die Identifikation von Sünde und Endlichkeit vornehmen. Daß dabei die Tragik des Scheiterns schon deshalb sinnvoll sein soll, weil es die Realitätsform unbedingten Existierens darstellt, ist eine zwar eindrucksvolle, doch wohl nur besonderen Naturen mitvollziehbare Auskunft. Nun mag man zwar über die Bedeutung solcher »Letztfragen« verschiedener Auffassung sein. Doch in jedem Fall sollte man die praktischen Implikationen beachten, die in der bemerkten Bestimmungslosigkeit und Abstraktheit des Jaspers'schen Existenz- und Geschichtsverständnisses liegen[22]. Der bezeichnende Rückgriff auf Kierkegaards Kategorie des »Augenblicks« (G 505), die Herabsetzung alles Weltlichen zum zwischen Transzendenz und Existenz verschwindenden Dasein, die Geringschätzung des allgemeingültigen Wissens und die Relativierung aller metaphysischen Aussagen, denen nur als Gehalten existenziellen Aufschwungs Wahrheit zukommt (vgl. G 508), schließlich die Stilisierung des in der Unbestimmtheit schwebenden und schwindelnden Denkens zur philosophischen Tugend – all das gerät dicht an einen theoretischen Indifferentismus und läuft praktisch auf einen Aktualismus des reinen Existierens hinaus, der einer verbindlichen Auseinandersetzung um die konkreten Ziele der Geschichtsgestaltung jeden Boden entzieht. Nur um diesen Preis der Inhaltlichkeit gelingt Jaspers die Synthese von Entschiedenheit und Toleranz. Der gleiche Verzicht ist es auch, der über die Zeiten hinweg einen unmittelbaren Kontakt mit den »ewigen Zeitgenossen« (10) erlaubt, zugleich rückt er jedoch die gefährliche Beliebigkeit der Kategorie »Größe« ins Licht. In der Tat zeigt sich Jaspers »parteiisch allein für die Größe als solche« (33); sie kann sich nur durch sich selber erweisen. Wo aber sind Kriterien dafür, daß dies nicht auf die »Gleichsetzung des Wuchtigen mit dem Wichtigen und des Wichtigen mit dem Richtigen«[23] oder auf eine Apologie des Faktischen hinausläuft? Was Jaspers aus der Begegnung mit den Maßgebenden mitnimmt, ist schließlich nur »inhaltlich unbestimmt« die »Betroffenheit von der Forderung ihres Ernstes« (227) und der Appell zur Wahrhaftigkeit überhaupt (vgl. G 503). Von der Optik eines »historisch reflektierten Liberalismus« aller konkreten Maßgeblichkeit beraubt, verlieren sie jede Verbindlichkeit, fernerhin eigentümlicher Bestandteil einer

[22] Vgl. zum folgenden *J. Habermas*, Philosophisch-politische Profile, Frankfurt 1971, 99–109.
[23] *J. Habermas*, aaO. 109.

unverwechselbaren Geschichte zu werden[24]. Der Theologe jedoch muß gerade aus seiner Mitverantwortung für die Geschichte sich fragen, ob er – was Jesus angeht – auf solche Weise die bestimmte Aufgabe und Verheißung überhören darf, die dem Menschen eben aus der Geschichte und für sie zukommen. Denn wenn es wahr ist, daß Gott selber sich in Jesus geschichtlich bestimmt und den Menschen zugewandt hat, dann ist damit nicht nur inhaltsvolle Rede von Gott notwendig und möglich geworden, sondern es wurden zugleich Welt und Geschichte selbst angenommen und als Ort ausgezeichnet, an dem der Mensch seine Bestimmung antreffen und darstellen kann. Auch wenn der Sinn der Existenz – wie Jaspers hervorhob – sich in ihnen endgültig nicht realisieren läßt, können sie dennoch mehr sein als nur der Schauplatz schicksalhaft sich wiederholenden Scheiterns. Denn sie haben ihrerseits die Bestimmung erfahren, zur Wirklichkeit der anerkannten menschlichen Freiheit zu werden.

[24] Vgl. *J. Habermas*, aaO. 100 u. 104.

II. JESUS – SELBSTEINSATZ DES MENSCHEN IN GOTT (BLOCH)

Als Wissenschaft des Neuen versteht *Ernst Bloch* seine Hoffnungsphilosophie[25] und bezieht damit Position gegen die beinahe gesamte abendländische Spekulation. Seit Platon und Aristoteles sei sie Erinnerung und Ge-Wesen-heitsdenken gewesen. Nicht daß sie überhaupt zu transzendieren versucht habe, wirft Bloch ihr vor, sondern daß sie »archäologisch« ihren Gegenstand im Immerseienden statt im Noch-Nicht-Sein angestrebt und sich als reine Theorie selbst genügt habe. Um aber praktisch werden zu können, muß auch das Möglichkeitsdenken Wissenschaft sein: Hoffnung kann nicht sprechen ohne Vernunft[26]. Deshalb übernimmt Bloch zunächst weitgehend die Analysen der gesellschaftlichen Entwicklung und ihrer Triebkräfte, wie sie insbesondere der historische Materialismus erarbeitet hat. Zugleich unterzieht er die »Entwicklung des Sozialismus von der Utopie zur Wissenschaft« (Engels), wo immer sie bei purem Ökonomismus, kausalmechanistischer Geschichtsbetrachtung und bürokratischer Verwaltungspraxis anlangt, einer scharfen Kritik; sein eigentümlich humanistischer Beitrag zum Marxismus dürfte eben darin bestehen, in ihm das Element Hoffnung rehabilitiert zu haben[27]: Vernunft kann ohne Hoffnung nicht blühen.

Phänomenologie des Noch-Nicht

Die angedeutete Erweiterung des Marxismus ist in doppelter Hinsicht bedeutsam. Einmal, weil sie zu einer differenzierteren Einschätzung des

[25] Vgl. *E. Bloch*, Das Prinzip Hoffnung, Frankfurt 1973 (stw 3). Dieses Werk wird im Text nur mit Seitenangabe zitiert; die außerdem herangezogenen Schriften Blochs dagegen unter Verwendung folgender Siglen: U = Geist der Utopie, Frankfurt 1973 (stw 35); A = Atheismus im Christentum, Reinbek b. Hamburg 1970 (rde 347/48/49). Ihrer leichten Zugänglichkeit wegen wird aus diesen Taschenbuchausgaben zitiert.

[26] Vgl. zum folgenden *J. Habermas*, Profile, 147–167; *M. Theunissen*, Hegels Lehre vom absoluten Geist als theologisch-politischer Traktat, Berlin 1970, 347–365; *W. Post*, Art. Hoffnung, in: HphG Studienausgabe III, München 1973, 692–700.

[27] Vgl. *W. Post*, Art. Hoffnung, 698.

vielgeschmähten »Überbaus« führt: Zwar destruiert auch Bloch die Wahrheit der Mythen, Religionen und Philosophien als »Schein«, zugleich jedoch würdigt er sie (hierin Hegel folgend und modifizierend) als »Vorschein« auf künftig Herzustellendes[28]. Zwar ist Gott tot, aber die Stelle, die er einnahm, bleibt offen als »Schöpfungsregion« für den Menschen (1517). Dem riesigen Arsenal von Tagträumen und Wunschfigurationen, wie sie in Sagen und Märchen, Mythen und Religionen, Poesie und Kunst, mystischen Strömungen, philosophischen Entwürfen und politischen Utopien Niederschlag fanden, lauscht Bloch mit eindringender (und vielbelesener) Aufmerksamkeit die Hoffnungstendenz ab und gewinnt dadurch einen Sinnhorizont, an dem jede (auch künftige) Gegenwart zu messen sein wird. Doch hätte es mit bloßen Antizipationen sein Bewenden, wenn ihnen nicht – und das ist das zweite – auf der Seite der Natur ein Potential, eine materiale Möglichkeit, korrespondierte. Dieses Andere der Geschichte, die Materie (natura naturans) als das reale Möglichkeitssubstrat des dialektischen Prozesses, das zur Helle des »Etwas« hindrängt, bleibt zwar angewiesen auf Verwirklichung durch den Menschen, doch sollen sich die Zweckreihen seines Handelns in einer »Technik ohne Vergewaltigung« an die objektiven Möglichkeiten der Natur selber anschließen[29]. Die konkreten Möglichkeiten an der »Front« der Geschichte zeigen sich also nicht nur geschichtlich vermittelt, sondern ebenso von den Potenzen der Materie bedingt, und auch auf sie ist zu achten, wenn in eins mit der freien Selbstverwirklichung des Menschen auch die beschädigte Natur heimgebracht werden und gleichsam das Subjekt der Geschichte mit dem noch dunklen Subjekt der Natur zur Übereinstimmung kommen soll. Der geschichtsphilosophische Aspekt des Entfremdungsbegriffes, auf den sich die Kritik der gesellschaftlichen Produktionsverhältnisse beschränkte, wird auf diese Weise deutlich mit der naturphilosophischen Problematik verbunden, deren reiche Tradition von Aristoteles bis Schelling Bloch ausführlich aufnimmt. Seine Hoffnungsphilosophie wächst zu einer Ontologie des Noch-nicht-Seins, die ebenso wie das Noch-nicht-Bewußte des Menschen das Noch-nicht-Gewordene der Natur umfaßt und in der »Utopie des Reichs« einem Ziel zustrebt, in dem mit der Naturalisierung des Menschen zugleich die Humanisierung der Natur erreicht wäre (A 255 u. ö.).

---

[28] Vgl *J. Habermas,* Profile, 148 f.
[29] Vgl. *J. Habermas,* aaO. 160.

Detektorische Bibelauslegung

Um die Erinnerung an das utopische Denken der Menschheit wachzuhalten, kehrt Bloch immer wieder auch zur Bibel, dem Buch seiner Väter, zurück, durch die das eschatologische Gewissen in die Welt kam. Insbesondere das frühe Utopie-Buch (1918, ²1923) läßt sich unter diesem Aspekt als Zeugnis eines Sozialismus begreifen, der sich der eigenen jüdischen Herkunft versichert und die totale Vorwärtsgewandtheit des eschatologischen Heilswissens sowie die sozialen Tendenzen des Prophetismus in den Marxismus zu integrieren versucht[30]. Als nach vorn weisender Prophet des Unterwegs wird auch Jesus verstanden und scharf von der lukanischen Christologie unterschieden, die ihn zur Mitte der Geschichte erhebt. Ein Atheismus allerdings ist in der »gottbeschwörenden Philosophie« (U 346) dieses Frühwerks zumindest noch nicht ausdrücklich und definitiv, doch ändert sich dies im »Prinzip Hoffnung« (1954 ff) und erst recht in der Atheismus-Schrift (1968) Blochs. Die einst angestrebte »Funktionsbeziehung« (U 346) von Marxismus und Religion wandelt sich hier zum Nachfolgeverhältnis: Religion wird ins Erbe genommen und Atheismus zur Bedingung des Humanismus erklärt. Deus Creator und Deus Spes fallen nun auseinander, weil »ein Prinzip, welches in die so vorhandene Welt hereinführt, nicht auch das Prinzip sein kann, welches aus so vorhandener Welt auch leitend herausführt« (A 39). Damit aber wird – und zwar gerade als Konsequenz radikaler Eschatologie – die Aufhebung des Gottesgedankens überhaupt unausweichlich, insofern nämlich, als dort, wo am Anfang kein Gott vorausgesetzt wird, am Ende auch keiner herauskommen kann[31]. In seine Nachfolge tritt der »homo absconditus« ein, »das Ganz Andere der anthropologischen Tiefe« (1527).

Zu solchem in der Tat unkonventionellen Ergebnis kommt eine Bibelauslegung, die mit »detektorischem« (A 68) Spürsinn die subversiven Strömungen der alttestamentlichen Tradition aufdeckt, angefangen von dem »Eris sicut Deus« der Schlange (der »Raupe der Göttin Vernunft« A 171) über Kain, den Turmbau zu Babel, Jakobs Ringen mit Gott und das Murren der Israeliten in der Wüste bis zu Hiob, nach dessen »harten Fragen« jede Theodizee »eine Unredlichkeit« ist (A 116), und schließlich dem Menschensohn Jesus, in dem Bloch nicht nur den Revolutionär der Revolutionäre weiterhin liebt, sondern auch jene lang angestrebte Ent-

---

30 Vgl. dazu und zum folgenden *M. Theunissen,* Hegels Lehre, 356 ff.

31 Vgl. *M. Theunissen,* aaO. 361.

thronung Gottes erreicht sieht. Mit bewußter Parteinahme für die Biblia pauperum wählt Bloch das »Cui bono« (A 70) zum Prinzip der Hermeneutik. Entlarvender Spott trifft deshalb nicht nur Esra, der in wohlverstandener Absicht die Redaktion des Alten Testaments in der »Weise der Reaktion« (A 71) abschloß, nicht nur den Rückfall der paulinischen Opfertodlehre, sondern auch die zeitgenössischen Theologen, die auf A. Schweitzers Wiederentdeckung des durch und durch eschatologischen Jesus hin spornstreichs den unredlichen Rückzug ins theologische »Geheimkabinett« (Barth), zur festen »Burg der Transzendenz« (Orthodoxie) oder »moderner« in die gutbürgerliche »religiöse Stube« (Bultmann) antraten (A 45 ff). Nicht halbherzige Entmythologisierung, »sondern *Enttheokratisierung* läßt in der Bibel ihrem zu rettenden Text gerecht werden« (A 77).

Die Katastrophe Gottes im Menschensohn Jesus

»Ein Zeichen unserer guten Sache hieß und heißt Jesus«, ja im noch offenen Prozeß der Welt und des Menschen ist er sogar »wie nichts anderes mit den Menschen verbunden und bei ihnen bleibend« das brennendste, aufbrechendste Zeichen der Hoffnung für uns (A 119).

Blochs Gründe für solche Wertschätzung, obwohl schon genannt, verdienen noch Verdeutlichung. Zunächst: Für Bloch, der nach geschichtlich realen Anhalten für seine Hoffnungsphilosophie sucht, liegt alles daran, von vornherein den Versuch abzuwehren, die Person Jesu ins Reich der Legende zu verweisen. »Der Stall, der Zimmermannssohn, der Schwärmer unter kleinen Leuten, der Galgen am Ende, das ist aus geschichtlichem Stoff, nicht aus dem goldenen, den die Sage liebt« (1482); ebenso das »letzte bange Abendmahl, die Verzweiflung in Gethsemane, die Verlassenheit am Kreuz und ihr Ausruf« (1486). Obwohl Jesus »innerhalb eines ganzen Gewitterlichts von Mythos« auftrat (1485 f), hat er diesen Rahmen doch belebt und erfüllt, erfüllt mit der Realität eines Lebens und einer Verheißung, die auch der nachträglichen doketischen Auflösung widerstand und immer wieder Nachfolger inspirierte, denen die »reale Erinnerung« (1486) so viel gab, daß noch der Himmel darüber schal wurde.

Sodann: »die bestbezeugten Worte Jesu sind eschatologisch« (1490). In seinem Sinn lag nicht die Wiederherstellung der Herrlichkeit Davids, nicht einmal eine nationale Erhebung: »Zusammenbruch der Welt insgesamt stand bevor« (1490). Freilich predigte er das Reich auch als Erfüllung der Zeit, also als »durch Geschichte vermittelt« (1492), wobei der Kosmos nicht einfach wegfallen, »sondern als zusammenbrechender das Instrument, ja der Schauplatz des Reichs« (1493) sein würde. Sonst wären die irdischen Weisungen Jesu ganz ohne Sinn. Ihren bestimmten Sinn allerdings gewinnen sie nur als »Sittlichkeit einer Adventswelt« (1491), die sich mit einer Einrichtung in der weiterlaufenden Geschichte erst recht nicht verträgt. Gegen die Versteinerung des Herzens (nicht etwa als Selbstzweck) wird Armut empfohlen, der Aufruf zur Sorglosigkeit ist schwärmerisch-wohlüberlegt, und der Rat, dem Kaiser das Seine zu geben, lehrt nicht – wie später kirchliche Duckmäusermoral – die Schickung in die vorhandene Welt, sondern entspringt gerade ihrer Verachtung. Insbesondere die scheinbaren Quietismen der Bergpredigt werden um ihre Spitze gebracht, wenn man sie nur als »Grenzideal« einer wohlausgewogenen Ethik anfügt, denn sie haben ihre wahre, aktuelle Funktion als »Bereitung aufs nahe bevorstehende Reich« (1491). Gerade darin ist Jesus ja »schlechthin gut« (1487), daß er die eschatologische Brüderlichkeit, den Inhalt des Reichs, bereits jetzt mit allem Ernst lebt.

Eben diese Entschiedenheit ist es auch, die Jesus zur radikalen Umwertung der geltenden Ordnung und zur Parteinahme für die Antigrößen der bestehenden Welt treibt. Sein Zug nach unten, eine fast mikrologische Liebe, die in den Unscheinbaren die Ihrigen sammelt, verbindet sich notwendig mit dem Aufruhr nach oben: und deshalb – nicht wegen des Messiasanspruchs allein – kam gegen Jesus die Koalition der Priester und Römer zustande. »Ein Rebell gegen Gewohnheit und Herrenmacht ist am Kreuz gestorben« (1490); dieses Kreuz, das Jesus von sich aus keineswegs suchte, »ist die Antwort der Welt auf die christliche Liebe. Auf die Liebe zu den Letzten, die die Ersten sein werden« (1489). Erst Paulus, der Jesus nicht gekannt hatte, hat die Geduld des Kreuzes gepredigt und ausgerechnet jene Welt und ihren Terror gerechtfertigt, indem er den Märtyrertod des Rebellen zum freiwilligen Opfer verfälschte. Aber entgegen seiner Absicht, erneut eine Theodizee des Weltschöpfers zu leisten und das Kreuz als Katastrophe wegzuerklären, mußte die Logik seiner »dämonischen Jurisprudenz« (1494) zur Katastrophe Gottes selber ausschlagen. Denn daß das Kreuz seinem Willen entsprach, bedeutete den Rückfall in eine Gottesvorstellung, die sich in ihrer Barbarei selbst desavouiert. Allerdings sollte man nicht übersehen, daß Blochs Darstellung sich keineswegs in solcher Polemik erschöpft. Nicht nämlich nur dieser schreckliche Gott, sondern sogar der gute Gott der prophetischen Tradition war durch das Kreuz im Bewußtsein der Jünger unzuständig gemacht, denn – so argumentiert Bloch – »unter den unendlichen Eigenschaften seiner unendlichen Güte war trotzdem die eine nicht: Hingabe bis zum letzten. Diese konnte sinngemäß nur ein sterblicher *Mensch* besitzen und bewähren ... Also hat hier ein Mensch, durch die Hybris völliger Hingebung, jede bisherige Gottidee überholt« (1494 f).

Wunschmysterien und Reichsutopie

Mit diesem Gedanken, daß im Tod Jesu der Selbsteinsatz des Menschen in Gott definitiv wird, erreicht Blochs Auslegung ihren Gipfel. Schon die Vollmachtsaussprüche Jesu und das antitheokratische »Ich und der Vater sind eins« (Jo 10, 30) hatte er daraufhin interpretiert; die Abschiedsreden (Jo 17) hatte er mit Käsemann als Jesu letzten Willen bezeichnet und sie (nach Jean Pauls bekanntem Traum) als Rede des Christus, daß kein Gott sei, verstanden. Und nun vollendet er diese Perspektive, indem er noch Auferstehung, Himmelfahrt und Wiederkunft anthropologisch als Wunschmysterien interpretiert, in denen die Gemeinde den Anker ihrer an Jesus entzündeten Hoffnung nach vorn auswirft und sie zur Hoffnung der gesamten Menschheit erweitert; ein Zeichen, wie »Christimpuls leben kann, auch wenn Gott tot ist« (A 166). Auferstehung – ein Gedanke ohne religionsgeschichtliche Analogie, den zu beschwören nun allerdings das Verdienst des Paulus ausmacht – wird als Vision einer radikalen Hoffnung gesetzt, die auch vor dem »Kiefer des Tods«, der härtesten »Anti-Utopie« der vorhandenen Welt (A 162), nicht zurückweicht. Himmelfahrt ist die mythische Verlängerung des historischen Einbruchs des Menschensohnes in die göttliche Sphäre, wo er sich als tribunus plebis auf den Thron Gottes gesetzt hat (A 163 f). Bei der Wiederkehr schließlich wird endgültig alles himmlische Oben zu einer menschlichen Stadt ohne Tempel darin: der Mystizismus des Himmels wandelt sich »zur Mystik des Sohns, die Herrlichkeit Gottes zu der der erlösten Gemeinde« (1504). Im Geist als Prinzip ihrer Offenheit nach vorn ist die Gemeinde auf dieses Ziel hin unterwegs (A 212 f). In der Tat: »Das ist religiöse Protestation, sich zum Selbst nicht mehr als zu einem Unaufgedeckten verhaltend« (1504). Doch hat sie als ketzerisch-subversive Strömung noch die ganze Kirchengeschichte begleitet; sogar das orthodoxe Nizänum – so glaubt Bloch interpretieren zu dürfen – hat jenen revolutionärsten Topos, den je eine Parusie innehatte, gebilligt, indem es die Homousie Jesu mit dem Vater kanonisierte (A 166). So wirkte die Frohbotschaft »theologisch als Aufhebung der absoluten Gott-Transzendenz durch ... die *Gottgleichheit* Christi« (1493). »Eritis sicut Deus ist die Frohbotschaft des christlichen Heils« (1504).

Es wäre zu wenig, wenn man Blochs Darstellung nur als Wiederholung des Programms ansehen wollte, das schon der junge Hegel aufgestellt und Feuerbach durchgeführt hat, ohne bei solcher Beurteilung auf die inhaltliche Akzentuierung zu achten, durch die Bloch über beide hinausgeht. Zwar diagnostiziert auch er Anthropologie als das Wesen der Religion und deshalb ihre Geschichte als die Bewegung, in deren Verlauf die Stifter das menschliche Inkognito durch immer menschlichere Jenseitsgestalten umkreisten (1522); ebenso gilt ihm das Christentum als Höhepunkt dieser Entwicklung, insofern in seinem Motiv des »Cur Deus homo« das Wesen der Religion selber zur Vorstellung kam. Mit der Umkehrung dieses Themas durch Feuerbach läßt Bloch die »letzte Geschichte des Christentums« anbrechen, gleichzeitig rühmt er ihn als »religionsphilosophische Wende« (1518), weil er – »mitten im Materialismus ... die wirkliche Blume aus der theologischen Illusion brechend« (A 206) – die bloß naturwissenschaftliche Religionskritik eben durch die anthropologische überwand und vom Problem des religiösen Erbes gepackt war. Allerdings fehlte Feuerbach noch der Blick nicht nur für die geschichtlich-soziale Verfassung des Menschen (was zunächst Marx an ihm rügte), sondern auch – und hier vor allem setzt Blochs Kritik an – für die Unabgeschlossenheit sowohl des Menschen als auch der Natur. »In der Flachheit des Bourgeois-Menschen, die Feuerbach verabsolutiert hat, kommen die religiösen Inhalte entschieden nicht unter« (1517). Denn in den großen Religionen wurde »die *Hoffnung selber* versucht« (1524); das Christentum endlich hatte ihr einen Inhalt verheißen, den noch »kein Auge gesehen hat und kein Ohr gehört« (1523), und in seine Reichs-Utopie hatte es auch die noch unerschienene Zukunft der Natur einbezogen. Freilich bleibt es dabei: »Die Gottvorstellung, mit deren transzendenter Irrealität in Vergangenheit wie Zukunft Ernst gemacht wird, wird als Ideal lediglich durch seine anthropologische Auflösung erfüllt« (1524). Es ist der *homo* absconditus, in dem als Zielbegriff die anthropologische und die radikal eschatologische Bestimmung sich miteinander vermitteln. Als »Gewissen der letzten utopischen Funktion in toto« (1521) hat Bloch Religion ins Erbe genommen und dadurch Philosophie selber als menschliches Sichselbstüberschreiten bestimmt, als »Transzendieren im Bund mit der dialektisch transzendierenden Tendenz der von Menschen gemachten Geschichte, ... Transzendieren ohne alle himmlische Transzendenz, doch mit Verständnis ihrer: als einer hypostasierten Vorwegnahme des Fürsichseins« (1522). Die Wahrheit des Gottesideals ist einzig die Utopie des Reichs (1524).

Prinzip Hoffnung?

Blochs Philosophie stellt die eingehendste Auseinandersetzung mit dem Christentum dar, die von marxistischer Seite vorliegt. Daß die Theologie ihr die vielleicht stärkste Anregung und Gewissenserforschung verdankt, die sie in der zweiten Hälfte unseres Jahrhunderts bisher erfuhr, ist ebenfalls bekannt und anzuerkennen. Gerade die Redlichkeit eines Gesprächs verlangt aber auch, Blochs Denken als Herausforderung zu akzeptieren. Deshalb sei hier – statt auf seine ebenso nachdenkenswerte wie häufig gewaltsame ideologiekritische Exegese einzugehen – wenigstens noch das Problem angeschnitten, ob sich Blochs Hoffnungsphilosophie wirklich – wie z. B. Moltmann es tut – als »Atheismus um Gottes willen« theologisch beanspruchen läßt[32]. Zwar ist sein Denken in der Tat »von einer grandiosen Systematisierung aufgegriffener Hoffnungen ... zum intendierten System der begriffenen Hoffnung noch auf dem Weg«[33], und insbesondere die Unausgeglichenheit der Tendenz, Hoffnung beinahe identitätsphilosophisch als Prinzip zu begreifen, mit der Radikalität des geradezu absolut gefaßten Transzendierens läßt es in einer Schwebe, die eine endgültige Antwort auf jene Frage verbietet. Auf der anderen Seite aber ist unübersehbar, daß auch die offenen Fragen in einer Formulierung erscheinen, in der die Möglichkeit und ein positiver Sinn auch einer kritisch vermittelten Rede von Gott gerade nicht ansichtig werden. So ordnet er z. B. (trotz einer gewissen ontologisierenden Fundierung der Hoffnung) Geschichte nie der Entwicklungskategorie unter und fordert Klarheit darüber, daß Hoffnung enttäuscht werden kann: aber es bleibt bei der entschiedenen Auskunft, daß eben darin ihr Wesen besteht. Ebenso wird die Kluft zwischen absoluter Utopie und »menschlicher Vorgeschichte« (1524) nicht mit Hilfe des Gottesgedankens, sondern bewußt im Begriff des »homo absconditus« überbrückt. Die dabei naheliegenden Fragen, wie sich die utopische zur vorgeschichtlichen Menschheit und die gattungsgeschichtliche zur individuellen Hoffnung verhalte, finden kaum ausdrückliche Behandlung: für das »werte« Privatich hält Bloch die Mahnung bereit, sich nicht zu wichtig zu nehmen, und die weitergehenden und fast mystisch klingenden Andeutungen, die den Kern und die Tiefe des noch nicht herausgebrachten Menschenwesens von seinen individuellen Gestalten

---

[32] Vgl. dazu *J. Moltmanns* Vorwort zu *E. Bloch*, Religion im Erbe. Eine Auswahl aus seinen religionsphilosophischen Schriften, München / Hamburg 1967 (Siebenstern-Taschenbuch 103), 16.

[33] *J. Habermas*, Profile, 148.

unterscheiden und als »exterritorial« auch dem »Seinvernichtenden« des Todes entziehen, bleiben in ihrem genauen Sinn dunkel (vgl. A 242–249). Aufschlußreich aber ist schließlich die Weise, wie Bloch das Erbe der Theodizeefrage übernimmt. Mit der leichtfertigen Lösung der Aufklärung, daß Gott eben nicht existiere, gibt er sich nicht zufrieden: auch der langwierige und entsetzliche, ja blutige Prozeß materialistischer Dialektik bedarf einer Rechtfertigung. »Die einfachste Lösung ... ist die, daß es in der Welt immer wieder einen Auszug gibt ... und eine Hoffnung, die sich mit der Empörung verbindet« (A 117). Man kann wohl fragen, ob Bloch mit solcher Antwort und ihrem erneuten Rekurs auf die noch keineswegs vereitelte Zukunft das selbstgestellte Problem nicht doch wieder entschärft und um entscheidende Aspekte (z. B. die Frage nach der Rechtfertigung der Opfer) verkürzt.

Doch wenn die Theologie solche und ähnliche Bedenken erhebt – wie will sie auf die angesprochenen Fragen ihrerseits Auskünfte geben, ohne der von Bloch kritisierten Mythologie der Erfüllung (1523) zu verfallen? Voraussetzung dürfte sein, daß sie sich auf die Eigentümlichkeit und die Grenzen dessen, was sie zu sagen hat, besinnt, eine angemessene Form des Denkens dafür sucht und sich der Verantwortung für die praktischen Folgen unterzieht. Dabei sollte sie allerdings im Namen der eigenen Tradition auf einer Beobachtung, die die grundsätzlichen Möglichkeiten des Blochschen Denkens betrifft, insistieren. Je mehr dieses nämlich seinem Gefälle erliegt, Hoffnung als Prinzip im Schema »S ist noch nicht P« zu begreifen, desto weniger *kann* in ihm ein *Gott* der Hoffnung Bedeutung gewinnen[34]. Denn wenn Hoffnung sich lediglich als Differenz von Potenz und Realisierung konstituiert, muß sie jene Radikalität des Transzendierens verlieren, die ihr in der jüdisch-christlichen Tradition zuwuchs. Und ebenso muß, wo dementsprechend der Versöhnungsbegriff vorzüglich an der Vermittlungsproblematik von Subjekt und Objekt orientiert bleibt, die Frage nach dem Sinn dieses Geschehens als ganzem in seiner Faktizität (ebenso wie die nach einer unbedingten Bedeutung des Einzelsubjekts in ihm) sich allmählich entziehen. Und schließlich wird, wer Welt und Geschichte als »Laboratorium possibilis salutis« versteht (A 213), den »Hunger nach Sinn« an die »rastlose Arbeit« (A 250) verweisen. Theologisch formuliert (sofern es erlaubt ist, jene absolute Sinnfrage als ausdrücklich gemachten Horizont des Gottes- und Rechtfertigungsglaubens zu interpretieren): ein

---

[34] Die Tragweite der Unterscheidung von »Deus spei« und »Deus spes« beleuchtet *M. Seckler*, Hoffnungsversuche, Freiburg 1972, 94–103.

Gott, der sich in der Geschichte als Gott unbedingter und sich frei schenkender Liebe zum Menschen bestimmt, läßt in einer Ontologie des Noch-Nicht sich nicht denken[35]. Freilich müßte die Theologie, die mit Berufung auf Jesus eine solche Aussage wagt, ihrerseits nicht nur ihre Denkmöglichkeit darlegen, sondern auch konkret ihre Bedeutung bei der Gestaltung der noch offenen Geschichte bewähren. Dazu würde nun allerdings als erstes die Bereitschaft gehören, aus Blochs ideologiekritischen Beobachtungen Konsequenzen zu ziehen und sich mit ihm zu verbünden im Kampf »um Freiheit und Gerechtigkeit in einer sich selber einspinnenden Gesellschaft«[36] und im Protest gegen alle, die dem Menschen jegliches Transzendieren abgewöhnen und ihn mit seinen unglücklichen Verhältnissen abfinden wollen.

---

[35] E. Jüngel, der in der Blochschen Ontologie eine geistesgeschichtliche Konvergenz des aristotelischen Ansatzes mit bestimmten apokalyptisch-messianischen Erwartungen objektiviert sieht, hält eine theologische Destruktion eben des aristotelisch konzipierten Primates der Wirklichkeit für unerläßlich. Mit seiner Forderung nach einem Denken, das die Differenz von Möglichem und Wirklichem (als Faktoren am Sein) noch einmal übersteigt, um nicht nur dem Rechtfertigungsgeschehen, sondern auch schon der Schöpfung als Tat der Liebe Gottes entsprechen zu können, dürfte eine dringliche theologische Aufgabe formuliert sein. Vgl. *E. Jüngel,* Die Welt als Möglichkeit und Wirklichkeit. Zum ontologischen Ansatz der Rechtfertigungslehre, in: *ders.,* Unterwegs zur Sache. Theologische Bemerkungen, München 1972, 206–231.

[36] *J. Moltmann,* Vorwort, 17.

III. JESUS FÜR ATHEISTEN (KOLAKOWSKI, GARDAVSKY, MACHOVEC)

Sucht man nach den Gründen, die nach langen Jahren des kalten Krieges, der auf ideologischer Ebene im Stil eines metaphysischen Weltanschauungskampfes geführt wurde, ein neues Klima des Dialogs zwischen Marxisten und Christen herbeigeführt haben, so müßte man wohl bei den Erfahrungen des gemeinsamen Kampfes gegen den Faschismus beginnen[37]. Und für die Gegenwart wären etwa der Protest gegen den Vietnamkrieg, die lateinamerikanischen Befreiungsbewegungen, aber auch das bedrohliche Gefühl globaler Vernichtungsgefahr und das Unbehagen an einer perspektivenlosen technologischen Gesellschaft und ihren zahlreichen Formen institutionellen Unrechts als Anlässe zu nennen, die immer häufiger Menschen christlicher und marxistischer Herkunft zu gemeinsamer Verantwortung und praktischem Engagement verbinden. Doch selbst was die Großkirchen angeht: trotz unleugbarer Enttäuschungen über nur halbherzige oder ganz ausbleibende Wandlungen ist ihr Erscheinungsbild inzwischen zu differenziert, als daß ihre pauschale Verurteilung als Institutionen des status quo noch gerechtfertigt wäre. Die Theologie, die sich zunehmend auch als kritische Theorie kirchlicher und christlicher Praxis versteht, hat von der Ideologiekritik nicht nur für ihre Reflexionen über den Glauben und den Gottesgedanken gelernt, sondern auch einzelne Einsichten und Begriffe wie beispielsweise den der »strukturellen Gewalt« (F 15) übernommen. Bei den Begegnungen im Rahmen der Paulusgesellschaft trafen die Marxisten in den Theologen beider Konfessionen Gesprächspartner, die sich bemühten, die diesseitige Relevanz des christlichen Glaubens in der Kritik an Staat, Gesellschaft und Kultur darzulegen, während die Christen nicht ohne Verwunderung auf marxistischer Seite statt der altbekannten Religionskritik ein neues Interesse für eine den Menschen nicht entfremdende Transzendenz registrierten[38]. Freilich bleibt gegen eine gelegentlich zu

---

[37] Einen kurzen Überblick über die Geschichte des Verhältnisses von Marxismus und Christentum gibt *I. Fetscher*, in: *I. Fetscher / M. Machovec* (Hg.), Marxisten, 7–16. Dieser Band, der Beiträge west- und osteuropäischer Marxisten enthält, wird im Text mit dem Sigel F zitiert.

[38] Von den Erfahrungen dieser Begegnungen berichtet *J. Moltmann* in seiner

euphorische Einschätzung der Tragweite solcher Treffen wohl zu erinnern, daß neue institutionelle Verhärtungen auf beiden Seiten das (besonders in der Bundesrepublik) kaum in Gang gekommene Gespräch schon wieder erschweren, daß es nicht selten zur Angelegenheit einer nichtrepräsentativen intellektuellen Minderheit heruntergespielt, als Alibi oder bloß taktisches Manöver verdächtigt wird und seine Wortführer von ihren eigenen Lagern als Progressisten beargwöhnt bzw. als Revisionisten isoliert und kaltgestellt werden. Die hoffnungsvollen wie auch ernüchternden Aspekte der ganzen Entwicklung zu erörtern, ist hier nicht möglich[39]. Unter dem Gesichtspunkt der Frage nach Jesus hat sie jedenfalls noch an Bedeutung gewonnen, weil der Dialog sich mit den Veröffentlichungen der letzten Jahre immer mehr von apologetischen Auseinandersetzungen entfernt und auf das Gebiet der Bibelauslegung und Christologie konzentriert hat. Dieses neue Interesse an der Gestalt Jesu namentlich seitens der osteuropäischen Marxisten, die hier für eine Behandlung ausgewählt wurden[40], ist zunächst aus ihrer Situation verständlich zu machen.

Selbstreflexion des Marxismus

Daß sich seit der Tauwetterperiode nach dem XX. Parteitag der KPdSU in Osteuropa ein »offener« Marxismus entwickelte, der im Gegensatz zur institutionell-orthodoxen Richtung für sich den Anspruch des »authentischen Marxismus« erhebt und die Wiederanknüpfung an die gesamte europäische Tradition sucht, um sie in sich aufnehmen zu können, ist

---

Einleitung zu *V. Gardavsky,* Gott ist nicht ganz tot. Betrachtungen eines Marxisten über Bibel, Religion und Atheismus, München [5]1971, 7–14. Im folgenden wird dieses Buch mit dem Sigel G zitiert.

[39] Doch sei auf die Bewegung »Christen für den Sozialismus« verwiesen, in der die Impulse des damaligen Aufbruchs lebendig fortwirken. Vgl. dazu *D. Sölle / K. Schmidt* (Hg.), Christentum und Sozialismus. Vom Dialog zum Bündnis, Stuttgart 1974 (Urban-Taschenbücher 609); *dies.* (Hg.), Christen für den Sozialismus I. Analysen, Stuttgart 1975 (Urban-Taschenbücher 613); *W. Dirks / K. Schmidt / M. Stankowski* (Hg.), Christen für den Sozialismus II. Dokumente, Stuttgart 1975 (Urban-Taschenbücher 614).

[40] Außer den in den Anmerkungen 37 und 38 genannten Veröffentlichungen werden zugrunde gelegt: *V. Gardavsky,* Hoffnung aus der Skepsis, München 1970; *L. Kolakowski,* Der Mensch ohne Alternative. Von der Möglichkeit und Unmöglichkeit Marxist zu sein, München 1967 (Neuausgabe); *ders.,* Geist und Ungeist christlicher Traditionen, Stuttgart 1971 (im Text zitiert mit dem Sigel K); *M. Machovec,* Jesus für Atheisten, Stuttgart / Berlin 1972 (zitiert mit dem Sigel M).

natürlich nicht in erster Linie in den Veränderungen auf der Seite der Gesprächspartner, also den politischen und sozialen Entwicklungen des Westens, der erwähnten Selbstkritik der Kirchen usw. begründet, sondern vor allem in der Reflexion auf die eigene Lage fünfzig Jahre nach der Revolution. Die Erfahrung, daß das Reich der Freiheit immer noch aussteht und neue Probleme, ja auch neue Formen der Entfremdung entstanden, verlangte Überlegungen, für die das stereotype Zitieren der marxistischen Klassiker nicht mehr genügte. »Marx wollte ... durch eine strenge und nüchterne *wissenschaftliche* Analyse der Kernprobleme *seiner* geschichtlichen Epoche alle erneuerungssuchenden, progressiven Menschen *organisieren,* um die Grundlagen einer *menschlicheren Gesellschaft* und so auch freieren und reiferen *menschlichen Individualität* gemeinsam zu schaffen ... Nur der Marxismus ist also modern, welcher die wichtigsten neuen Phänomene des 20. Jahrhunderts in sich hineingenommen hat und in bezug auf seine klassischen Ziele demgemäß neue Wege beschreitet« (M 10 f). Als spezifisches Merkmal des offenen Marxismus tritt in dieser programmatischen Machovec-Äußerung die Abkehr vom Dogmatismus hervor. Sie wird von Kolakowski geteilt, der den Marxismus als »eine lebendige philosophische Inspiration« charakterisiert, als einen »Impuls«, nicht als »Doktrin« oder »universales System«[41]. Marxens kritischer Materialismus sei als polemischer Gegensatz zur bürgerlich-idealistischen Philosophie, nämlich als Anerkennung einer vom Bewußtsein unabhängigen Wirklichkeit, zu verstehen, keineswegs aber im Sinne von Engels und Stalin als quasimetaphysische Antizipation des notwendigen Gangs der Geschichte. Der offene Marxismus rechnet damit, daß sich auf dem Wege neue Erkenntnisse einstellen, er appelliert an die freie Verantwortlichkeit und schöpferische Initiative des Menschen und verzichtet damit zugleich bewußt auf jede theoretische Handhabe, den einzelnen mit einer automatisch hereinbrechenden Zukunft zu vertrösten oder ihn gar, wie es in der Stalinära geschah, in ihrem Namen totalitären Programmen zu opfern. Die anthropologische Neuorientierung, die im Menschen mehr als nur das Ensemble seiner gesellschaftlichen Verhältnisse erkennt und sich der Aufgabe stellt, Möglichkeiten eines schon in der Gegenwart sinnvollen Daseins zu erschließen, dürfte das vielleicht interessanteste Bemühen dieses Denkens darstellen. Daß dabei sogar ein neues Transzendenzbewußtsein erwähnt und als auszeichnendes menschliches Existential zugelassen wird, ist freilich nicht im religiösen Sinn mißzuverstehen. Denn obwohl der

---

[41] *L. Kolakowski,* Der Mensch, 21.

offene Marxismus den Protestcharakter der Religion in aller Unbefangenheit wieder anzuerkennen vermag, gilt sie ihm nach wie vor als verkehrtes mythologisches Bewußtsein. Eine Rückkehr zu ihren Vorstellungen würde ihm, der sich selber als Versuch der Realisierung ihrer mystifizierten Intentionen begreift, wie ein Wegschleichen aus der wahren endlichen Situation des Menschseins und eine vorzeitige Preisgabe unerschöpfter menschlicher Möglichkeiten vorkommen. Weniger im Sinne einer theoretischen These über die Nichtexistenz Gottes als vielmehr einer grundlegenden praktischen Option für den Menschen bleibt er deshalb für den Atheismus entschieden. Wenn Gardavsky den Satz, daß Gott nicht ganz tot ist, durch den zweiten: »Der Mensch ist nicht ganz lebendig« ergänzt (G 28), stellt er damit deutlich die Vorläufigkeit seiner Geltung heraus; allerdings spiegelt sich in ihm zugleich die Selbstreflexion eines Marxismus, der auch sich selbst mit neuer Klarheit als unerledigte Aufgabe weiß und sich über den Entscheidungs- und Hoffnungscharakter seiner Utopie Rechenschaft gibt.

Daß der Marxismus, um die eigene Identität finden und seinen humanistischen Anspruch einlösen zu können, jedoch in jedem Fall gut daran tut, in einen Dialog mit der großen europäischen Tradition einzutreten und besonders »gewisse grundlegend wichtige Thesen vom menschlichen Dasein«, die sich im Christentum »phänomenalisierten« (M 26), zu übernehmen, wird im gegenwärtigen Stadium von seinen aufgeschlossenen Vertretern nachdrücklich betont. In seinen bisherigen Phasen, die sich auf revolutionär-destruktive und sodann auf die materiellen Aufgaben des Aufbaus konzentrierten, durften die geistig-kulturellen und die moralischen Probleme vielleicht noch vernachlässigt werden[42]. Doch die immer wieder eingeschärfte Maxime, unterschiedslos alle Religion zum Absterben zu bringen, und die Grunddogmen vom unaufhaltsamen Fortschritt und vom Primat der ökonomischen Basis haben derartig schädlich auf die moralische Einstellung breiter Kreise gewirkt, daß inzwischen die klassischen kommunistischen Ideale selber vom Zerfallen bedroht sind. Die Utopie der klassenlosen Gesellschaft, im armseligen »Gulasch-Pragmatismus« zur Banalität heruntergekommen, erscheint ohne überzeugenden menschlichen Inhalt; der Impuls zum Internationalismus entartete zum blinden Gehorsam dem stärksten Machtzentrum gegenüber; in den politischen Kampf gegen Reaktionäre mischen sich Opportunismus und

[42] Vgl. zum folgenden bes. *M. Machovec*, Die »Sache Jesu« und marxistische Selbstreflexionen, in: *I. Fetscher / M. Machovec* (Hg.), Marxisten, 85–102.

kleinbürgerliche Ressentiments, und mit dem Etikett der Wissenschaftlichkeit schmücken sich Zyniker der Macht und karrierebeflissene Jasager, die die Mühen wissenschaftlicher Arbeit nie kennengelernt haben und ihre Grundbedingung, die Bereitschaft zur Kritik, als revisionistisch diskreditieren. Das übliche Verfahren, moralische Überzeugungen als Reflex der ökonomischen Basis zu analysieren, hat vielfach jede spontane Initiative gelähmt und dazu verführt, persönliche Verantwortung abzuwälzen auf staatliche Institutionen.

Es ist vor allem Machovec, der mit solchen Beispielen moralischer Unterentwicklung die Bedeutung des Rückgriffs auf Jesus und seine Botschaft erläutert (M 1–30). Sein Kampf gegen den Pharisäismus werde nun neu verständlich; angesichts der korrupten Gewalt lohne es auch eine Überlegung, ob die früher als passiv geschmähten Tugenden der Gewaltlosigkeit und Vergebungsbereitschaft nicht doch einen schöpferischen Sinn haben könnten und ob nicht sogar der Wert freiwilliger Opferbereitschaft rehabilitiert werden müßte. In Situationen der Wahl, »entweder sich selbst am Unrecht gegen die Genossen zu beteiligen – oder lieber selbst durch Unrecht verletzt, beleidigt, erniedrigt zu werden«, vermöge »auch ein Marxist ... lieber zu sterben, als den Sinn für die Wahrheit und seine Brüder zu verraten« (F 100). Dies letzte Beispiel gibt zugleich einen Hinweis, daß es bei der Rückbesinnung auf Jesus nicht nur um einzelne seiner Weisungen geht. Ein Marxismus, der das Scheitern persönlichen Einsatzes und sogar eine letzte Vergeblichkeit aller geschichtlichen Anstrengungen als Möglichkeit ins Auge gefaßt hat (vgl. G 225 ff), sucht in ihm mehr noch das »Beispiel für jene radikale Authentizität« in allem Handeln (K 43), durch die das Individuum seine unverwechselbare Einmaligkeit (G 63) und damit den Sinn seines Daseins gewinnt. Nur so lassen sich die Verbindung der »Sache von Karl Marx« mit der »Sache Jesu« und das leidenschaftliche Bekenntnis verstehen, in einer Welt, die diese Sache Jesu absolut vergessen könnte, lieber gar nicht leben zu wollen (F 102).

Jesu Rückgewinnung für die Kultur

Als lächerlich und unfruchtbar hat *Leszek Kolakowski* 1965 in einem Vortrag, der Jesus als Prophet und Reformator darstellt (K 21–43), jeden Versuch abgelehnt, Jesus »unter dem Vorwand, wir glaubten nicht an den Gott, an den er geglaubt hat«, aus unserer Kultur zu verdrängen (K 42). Hält man sich die damalige Situation in Polen vor Augen, dann läßt sich die Kritik nach allen Seiten kaum übersehen. Unbekümmert um die Dogmen der Kirchen, aber auch um alle offizielle Parteipropaganda sucht Kolakowski einen philosophischen Zugang zu Jesus, um die von ihm bestimmte Tradition sich aneignen zu können. Dabei orientiert sich sein Verfahren aber nicht etwa an Hegel, der als Geschichtsschreiber des Geistes die einmalige Bedeutung Jesu einebnete, oder an Nietzsche, der sich zu Jesus wie der wahre zum falschen Propheten verhielt, sondern eher – wenn auch mit dem wesentlichen Unterschied des Verzichts auf alle übernatürlichen Voraussetzungen – an der Weise, wie sich Pascal und Kierkegaard Jesus zu vergegenwärtigen suchten. Für Jesu Lehre wählt Kolakowski deshalb den bezeichnenden Begriff »Wesenstatsache«, denn in ihr seien Werte von durchaus universaler Geltung dauerhaft mit ihrem konkreten persönlichen Ursprung verbunden.

Was Kolakowski – in exegetischer Hinsicht zugegebenermaßen als Laie – im einzelnen als neu und bedeutsam an der Verkündigung Jesu aufzählt, hat seinen inneren Zusammenhang in der Lehre von der fundamentalen Dichotomie zwischen Seele und Welt, zwischen gutem Willen und dem Sein der Dinge im Ganzen (K 31). Mit dieser Entdeckung, die Jesus als erster im mittelmeerischen Raum in voller Radikalität ausspricht, war der Rahmen des Judentums prinzipiell überschritten, auch wenn sich Jesus selbst auf der Linie der alten Propheten nur als Erneuerer verstand. Denn mit ihr wurde nicht nur das Gesetz auf eine neue Basis gestellt und der alte Vertragsbund zu einem Liebesbund transformiert, in dem statt der Handlung die Haltung entscheidet, sondern auch das mosaische Prinzip des auserwählten Volkes vernichtet. Ebenso wurden alle geltenden Bindungen und die vielfältigen Abstufungen zwischen Gut und Böse zugunsten der einen entscheidenden Alternative relativiert und die Folgen dieser radikalen Umwertung sogleich konkret vor Augen geführt: Verachtete wurden zu Ehren gebracht, Hochmütige ausgestoßen. Aber eine noch tiefere, letzte Konsequenz ist zu nennen: Jesus hat das Elend des zeitlichen Daseins überhaupt offenbart.

Alle diese Einsichten und Weisungen verlieren für Kolakowski keineswegs dadurch an Wert, daß sie ihren ersten Ausdruck im Rahmen einer Verkündigung fanden, die in apokalyptisch-mythologischer Weise das baldige Weltende prophezeite. Vor allem aber reicht ihre Geltung und Wirkung auch weiter als das dogmatische Christentum, das mit Paulus den Vergöttlichungsprozeß Jesu entgegen seinem eigenen Anspruch einleitete, ihn durch die Aufrichtung neuer Verbindlichkeiten und Trennungen für sich monopolisierte und damit seine Reform zementierte. Die Einführung des

Liebesprinzips z. B. lebt weiter in der Utopie der allgemeinen Brüderlichkeit, in der Gegenüberstellung von Tauschgesellschaft und freier Assoziation, von sachlicher und existentialer Kommunikation. Ähnlich bedeutete die Überwindung jedes Auserwählungsglaubens die Voraussetzung für die Idee der Einheit der Menschheit. Als Fortschritt – meint Kolakowski – sei ferner durchaus zu bewerten, daß man heute allgemein zumindest verbal das Ziel der Gewaltlosigkeit akzeptiert habe; mit ihr schon jetzt zu beginnen, sei keineswegs aussichtslos oder naiv, sondern verlange nur Mut. Geradezu schon banal klinge der Satz, daß der Mensch nicht vom Brot allein lebt und nicht in Nützlichkeitserwägungen aufgeht, aber eben: banal dank der Nachwirkung Jesu! Mit der Einsicht in das physische Elend der Zeitlichkeit schließlich sei ein Problem aufgeworfen, das – sosehr es auch ideologisch mißbraucht worden ist – doch nicht aufhören werde, philosophische Reflexion zu beschäftigen. Zukünftige Humanität werde gerade darin bestehen, trotz des Bewußtseins, daß das Absolute unerreichbar bleibt, um die Verbesserung der menschlichen Verhältnisse zu kämpfen. Nur wenn sie all diese Ideen im Blick auf ihren Ursprung zu verlebendigen suchten, könnten sich Kirche und Gesellschaft – wie Kolakowski es fordert – erneuern. Denn Jesus habe diese Werte nicht nur gepredigt, sondern auch gegen eine Wirklichkeit, die ihn nicht annahm, mit äußerster Wahrhaftigkeit und ohne zur Gewalt Zuflucht zu nehmen selber gelebt. Eben darum sei er zum unvergeßlichen Beispiel für ein authentisches Dasein geworden (K 43).

Subjektivität inmitten der Zeit

Zur selben Zeit, als im Westen die Gott-ist-tot-Welle ihren Höhepunkt erreichte, veröffentlichte der tschechische Philosoph *Vitezslav Gardavsky* die Artikelserie »Gott ist nicht ganz tot« (1966/67), die als Buch kurz darauf zum Bestseller wurde. Auch Gardavsky will zu den Wurzelgründen der Geschichte hinabsteigen, um von dort Nährstoffe für eine schöpferische Geschichtsgestaltung zu gewinnen und dem erstarrten Kommunismus wieder den Impuls eines Marxismus zuzuleiten, der Geschichte und Mensch unter dem Gesichtspunkt humaner Praxis ansieht. Die oft wiederholten naturwissenschaftlichen Einwände gegen die Bibel und der altüberkommene Streit um die Existenz Jesu interessieren ihn dabei ebensowenig wie exegetische Detailbeobachtungen, was in den »dargestellten Geschehnissen historische Wahrheit ist, was beschönigende Legende, was Mythus und was religiöse Betrachtung« (G 34). Denn Jesus »existiert als eine ganz

bestimmte bedeutungsschwere Struktur des menschlichen Bewußtseins«, die während ihrer zweitausendjährigen Geschichte zahlreiche Ausgestaltungen hervorbrachte und »trotz aller Verunstaltungen«, die sie dabei erfuhr, als eines der »Modelle des menschlichen Lebens« und »tiefsinnige Antwort« auf seine Grundfragen weiterhin von Belang bleibt (G 48).
Näherhin ist es die »jüdische Anschauungsweise von der Welt und vom Menschen«, als deren »Person gewordene Kurzformel« Jesus für uns existiert (G 51). Wieviel diese erste Bestimmung für Gardavsky bedeutet, erläutert er an ihrem Gegensatz zum griechischen Denken, das sich den Kosmos als eine kausale Ordnung ohne Abweichungen vorstellte und damit zwar den Grund für die europäische Wissenschaft legte, den Menschen jedoch und sein Handeln noch ganz vom Schicksal beherrscht sah (G 38). Anders der alttestamentliche Mensch. Schon im Gedanken an den Schöpfer geht ihm der Bereich des noch vom Geheimnis umhüllten Möglichen auf. Vor ihm erfaßt er sich selbst als ein Wesen, »das sich auf eine geheimnisvolle, auf ein Ende gerichtete Weise zu entscheiden und zweckvoll zu handeln« vermag. In der Ungesichertheit, die ihn dabei überkommt, »flüchtet er sich zum Herrn als dem Sammelpunkt aller seiner Möglichkeiten ... Der Herr ist für den Juden eine Interpretation des Menschen; an ihm erkennt er, was er *sein könnte*, im Gegensatz zu dem, was er ist« (G 39). Im Alten Testament offenbart sich zum erstenmal, »wenn auch in vorwissenschaftlicher, mythologischer Form ... deutlich der Gedanke der Transzendenz, des Überschritts über alles bisher Erreichte, zum ersten Male keimt der Traum auf von der Subjektivität inmitten der Zeit« (G 40).
Als Prototyp des Menschen, der diesen Traum zur Wirklichkeit macht, schildert Gardavsky Jakob, der sich gegen seine natürliche Bestimmung auflehnt, seine Erwählung ertrotzt und nach einer langen Geschichte leidvoller Erfahrungen am Jabbok sogar den Kampf mit Gott selbst wagt. Indem Jakob eine Wahl trifft, die über die vorgegebenen Möglichkeiten hinausgreift, »taucht er aus der nicht unterscheidbaren Allgemeinheit seiner Gattung auf und erringt sich einen eigenen Namen und ein eigenes Antlitz. Seine Tat ist die erste Tat von geschichtlichem Rang, die erste authentische menschliche Tat. Israel wird zum *Herrn der Zeit*« (G 42). So wird im Volk Gottes das revolutionäre Modell eines Menschen entdeckt, der alles neu schafft, um ihm »die Gestalt des Menschen zu geben. Immer wieder setzt er sich selbst ganz aufs Spiel. Er ist der Demiurg seines eigenen Schicksals, und er weiß, daß er das ist« (G 44).
Diese alttestamentliche Sicht vom Menschen und seiner Geschichte nun hat

Jesus fortgesetzt und erneuert. Deshalb kann auch Gardavsky ihn als Reformator beschreiben (G 46–64). Doch sprengt Jesus das Judentum nicht, sondern ruft es zu seiner Bestimmung zurück und stellt diese durch sein eigenes Leben in ihrer äußersten Möglichkeit vor. Dies freilich in einer Zeit, da sich die jüdische Gemeinschaft schon aufzulösen begann, ihr Gotteserlebnis zerfallen und ihr ursprünglicher Glaube durch fremde Einflüsse entstellt war. Die Theologen und Priester hatten aus dem zur Entscheidung rufenden Gott ein Objekt dogmatischer Analysen gemacht, ihn als transzendenten Adressaten eines verpflichtenden Kultes fixiert und die einstmals revolutionäre Botschaft durch ein System der Rechtgläubigkeit überdeckt; der Mensch aber war durch seine Einbindung in dieses Gefüge und zudem unter dem Eindruck dualistischer Anschauungen sich selber entfremdet. Je drängender Jesus als eschatologischer Erneuerer zur Umkehr aufrief und diese Ordnung auf größere Gerechtigkeit hin in Bewegung setzte, desto unausweichlicher mußte er den Konflikt mit ihren Repräsentanten provozieren. Dennoch ist seine Bedeutung – bei aller Eindeutigkeit seiner Parteinahme für die Armen – mit dem Titel »Sozialrevolutionär« nicht hinreichend bezeichnet. Gerade im Blick auf die Apokalypse, die Gardavsky wie viele Marxisten zur Interpretation Jesu heranzieht, läßt sich das zeigen. Denn der tiefste Sinn dieses Buches liegt darin, daß es den jüdischen Entwurf eines Lebens, das dem Menschen eine verantwortliche Entscheidung abverlangt und so eine neue Zukunft verspricht, der römisch-hellenistischen Lebensauffassung konfrontiert, die den Kosmos der menschlichen Möglichkeiten verschlossen hält und determiniert (G 56 f). Von hier aus wird klar, was Jesu Verkündigung des Reiches Gottes und sein Ruf zur Entscheidung bedeuten: der Mensch soll sich mit aller Freiheit restlos in den gegenwärtigen Augenblick geben und in ihm seine Zukunft gewinnen. Zugleich fällt ein Licht auf die meist mit Verlegenheit übergangenen Wunder: Jesus wirkt sie nicht zur Demonstration göttlicher Vollmacht, sondern um den Menschen ihre eigenen Möglichkeiten anschaulich zu zeigen. Denn das Wesen des Wunders besteht darin, daß das Subjekt in die Naturkausalität eingreift und sie zum Medium seiner Selbstverwirklichung macht. Um aber seine ganze Persönlichkeit im Spiel der Kräfte einsetzen zu können, muß der Mensch – und dies Letzte ist nun entscheidend – sein Tun durch Liebe bestimmen: »Jesus ist überzeugt, daß der Mensch, um radikal entscheiden zu können, ... von Liebe durchdrungen sein muß; von jenem ... durchlebten *Wissen*, daß der Mensch nur dann *ist*, wenn er über sich hinausgreift: sich selbst gegenüber, dem Nächsten gegenüber, Gott gegenüber« (G 60 f). Indem Jesus solche Liebe

als Gegenkraft zur alles durchdringenden Todesangst offenbar macht und darin die »Auferstehung« zu einem überhöhten Menschsein vorlebt, bringt er das Judentum mitten in seinem Zerfall zur höchsten Vollendung und wird nun für alle der exemplarische Mensch.
Gardavskys Beschreibung gibt ein beeindruckendes Beispiel, in welcher Weise auch der Marxismus, wenn er sich vor letzte Fragen nach einem sinnerfüllten Dasein gestellt sieht, auf Jesus zurückgreifen kann: »Der Mensch ist ein Geschöpf, das sich im Kampf und in der freien Entscheidung, mit der es auf den Anruf der Gegenwart antwortet, gestaltet. Bringt er es dabei fertig, radikal zu lieben, dann bricht er mit seiner Tat den Schoß der Zukunft auf und wird zu einem, der mehr ist, als in seinen Möglichkeiten lag. Darin liegt sein ganzes Geheimnis, darin ist der Mensch selbst ein Wunder; etwas, was da ist und nicht wiederholt werden kann« (63).

Überwindung unserer moralischen Not

Auf *Milan Machovec* einzugehen, wie es sein Buch »Jesus für Atheisten« verdiente, ist hier nicht möglich. Viele der bei Kolakowski und Gardavsky erhobenen Gedanken finden sich auch bei ihm. Doch zeichnet sich seine Darstellung (außer durch ihre Ausführlichkeit und den durchdachten Aufbau) dadurch aus, daß er sie auf den Stand der exegetischen Forschung zu bringen versucht. Mit den meisten heutigen Exegeten teilt er die Zuversicht, daß sich die grundlegende Tendenz der Verkündigung Jesu erheben lasse (M 43, 94), und wendet sich deshalb gegen eine absolute historische Skepsis. Aber weil er es anders als das konfessionelle Christentum auch ablehnt, »im mindesten mit der Hypothese des ›Übernatürlichen‹ und Wunderbaren zu arbeiten« (M 269), andererseits jedoch die Entstehung des Neuen Testaments in seiner vorliegenden Gestalt Erklärung verlangt, kommt es zu einigen originellen Hypothesen und Rekonstruktionen, allerdings gelegentlich auch zum Rückfall in psychologisierende Deutungsversuche. Ohne dem Urteil der Exegeten im einzelnen vorgreifen zu wollen, möchte man doch den Gesamteindruck äußern, daß dieses Buch einen der eigenständigsten, anregendsten und – gerade durch die Art, wie es wertendes Engagement mit wissenschaftlicher Vorurteilslosigkeit zu verbinden trachtet und außerdem viele Einzelheiten neu und persönlich beleuchtet – wohl auch schönsten Beiträge der gegenwärtigen Jesus-Literatur darstellt. Über die Motive seiner Entstehung wurde schon gesprochen, hier nun soll die Aufzählung einiger Leitgedanken und Resultate genügen.

Auch Machovec arbeitet als Eigenart Israels die Verschmelzung des religiösen Fühlens mit dem wegen seiner ständig bedrohten Lage besonders entwickelten geschichtlichen Bewußtsein heraus (M 53). Im Rahmen der Bundesvorstellung erscheint Jahwe primär als der Gott, der mit maximalem Anspruch den Menschen zum Handeln verpflichtet. Darin ist der Sturz der Göttlichkeit aller Dinge, aber auch Gottes selbst als Objekt eingeschlossen; sein Name steht vielmehr für das mit seiner Sendung identische Ich, als »Ausdruck der Spannung zwischen den höheren und niedrigeren Komponenten jeder menschlichen Subjektivität« (M 62). Als Gewissen des Volkes haben die Propheten dieses Bewußtsein immer wieder erneuert, vor allem jedoch haben sie, indem sie als Anwalt der Unterdrückten gegen die ungerechte Gegenwart auftraten, der Menschheit die Dimension der Zukunft erschlossen. Machovec hält dies für die vielleicht wichtigste Entdeckung der Geschichte, die er philosophisch als »allmähliche(n) Selbstfindung der Menschlichkeit« definiert (M 67). Aber während die Propheten zur Zukunft »als Angelegenheit der menschlichen Bemühungen« aufriefen (M 68), hat später die Apokalyptik unter dem verschärften Druck der äußeren Verhältnisse den Zusammenhang zwischen der Geschichte und der zukünftigen Welt auseinandergebrochen.
So unbestreitbar nun Jesus weitgehend apokalyptische Anschauungen teilte (M 111), betrifft der Akzent seiner Verkündigung vom Königreich Gottes doch die gegenwärtige Welt, eben indem er sie unter den Anspruch des künftigen Zeitalters stellt. Seine »eschatologische« Predigt macht aus der apokalyptisch »entfremdeten« wieder eine »gelebte« Zukunft und gibt ihr, indem er sie aus dem Gefängnis der Metaphysik und von aller Phantastik befreit, »den eigentlich menschlichen Charakter« zurück. »Es geht um die Überwindung der Zukunft als etwas dem Menschen die Gegenwart bloß Ersetzendes ... Jesus zeigt den Weg nicht zur Flucht aus der Not des realen Lebens, sondern zur innerlichen Überwindung der eigentlichen moralischen Not« (M 102 f). Insbesondere die Gleichnisse und die Bergpredigt interpretiert Machovec als »Beitrag zur *Dialektik der menschlichen Existenz in der Zeit,* zur Fähigkeit, den menschlichen Augenblick voll zu erfassen« (M 109 f). Natürlich übersieht er keineswegs die verändernden sozialen und revolutionären Impulse; Subjektivierung des Handelns meint nicht von neuem Weltabgeschiedenheit und erst recht nicht Affirmation des gegebenen Zustands (M 265); Machovec möchte nur allen Wert darauf legen, daß in seinen Taten der ganze Mensch sich wandelt, weil es nur so eine »Erfülltheit des Augenblicks« gibt, ohne die das menschliche Dasein eine Erbärmlichkeit wäre (M 112). »Gegen den

›Aufschub‹ der menschlichen Existenz« (M 121) stellt Jesus die Kinder in ihrer Arg- und Sorglosigkeit; wegen der Gefahr der Verdinglichung warnt er vor Reichtum. Ähnlich verhält es sich mit der Gewaltlosigkeit und Vergebungsbereitschaft: Wer selber im »Vorgriff auf das Königreich Gottes« (M 133) lebt, wird auch den andern in dessen Perspektive betrachten; er kann ihm, indem er auf die Überzeugungskraft der besseren moralischen Mittel baut, seine Zukunft offenhalten und so gerade durch seine Geduld schöpferische Verantwortung für ihn übernehmen, ebenso wie Jesus, weil er sich selbst restlos dem eschatologischen Anspruch aussetzt, als Prediger wohl radikal die überlieferten Gebote verschärft, sich in der Anwendung des Gesetzes jedoch liberal und dem einzelnen Menschen gegenüber großzügig zeigt.

Immer wieder betont Machovec die Identität des Verhaltens Jesu mit seiner Lehre und erklärt aus ihr seine mitreißende Wirkung. Aber wie läßt sich die Entwicklung von der Verkündigung Jesu zum Glauben an Jesus Christus einsichtig machen? Ausführlich wird zunächst untersucht, welche Erwartungen messianischer Gestalten entsprechend den verschiedenen Weisen, wie man sich die Befreiung aus der gegenwärtigen Bedrängnis erhoffte, im jüdischen Volk zur Zeitenwende lebendig waren. Sodann geht Machovec davon aus, daß Jesus zeit seines Lebens für die breiteren Massen zwar eine typisch prophetische Gestalt blieb, in seiner engen Umgebung aber die Auffassung seiner messianischen Sendung und auf dem Weg des Dialogs mit den Seinen, besonders mit Petrus – wie es die Szene von Caesarea Philippi in komprimierter Form spiegele (M 160) –, auch Jesu eigenes messianisches Bewußtsein sich herausbildete. Ferner habe Jesus, der mit seinem Leiden rechnen mußte und für es bereit war, in ihm – und darin bestehe neben der apokalyptisch-kosmischen Basileia-Vorstellung die zweite mythologische Befangenheit seines Denkens – die Bedingung für den vollen Anbruch der Heilszeit gesehen, ihm also schon selber metaphysisch-soteriologischen Sinn zuerkannt. Damit sei die Hypothese nahegelegt, daß Jesus sich entweder für den leidenden Messias hielt, von dem er den siegreichen unterschied, oder aber (wahrscheinlicher) *ursprünglich* als Prophet auftrat und *später* die Vorstellung von seiner *künftigen* Identifizierung mit dem Menschensohn in seiner Herrlichkeit übernahm, zu der er das Leiden als Durchgangsstation und Voraussetzung ansah (M 185). Auf diese Weise ließen sich die mit den Leidensankündigungen und Menschensohnsprüchen verbundenen exegetischen Probleme erhellen und außerdem Jesu Zug nach Jerusalem und sogar der Verrat und Selbstmord des Judas gut verstehen: Judas hätte die Entscheidung nur zu beschleunigen gesucht und wäre dann unter der Enttäuschung all seiner Hoffnungen zusammengebrochen (M 192 f). Noch der Kreuzesschrei Jesu, den Machovec als Ruf nach Elias interpretiert, bezeuge, daß Jesus – der als Sohn seines Volkes, keineswegs als existentialistisch-tiefsinnige Kierkegaardfigur gestorben sei (M 202) – bis zuletzt damit rechnete, Gott werde ihn wie Elias auf dem tiefsten Punkt seines Leidens herausreißen, in den Menschensohn verwandeln und die Heilszeit heraufführen (M 203). Nicht das Leiden als solches, sondern daß diese rettende Tat Gottes ausblieb, mache die eigentliche Katastrophe und den Grund der Jüngerflucht aus (M 204). Daß es aber dennoch zum Neuanfang kam, sei das Werk des Petrus, der »als erster in sich selbst die Tragödie und Absurdität von Golgatha ohne Parusie und Happy-End überwand und sich die Kreuzigung als Jesu Sieg erklärte« (M 210).

Nach Machovec kommt Petrus als Verkündiger der Erhöhung Jesu geradezu die Rolle eines Mitbegründers des Christentums zu. Petrus begreift – und darin geht er über Jesus hinaus –, daß mit dem Sturz der naturalistischen Vorstellungen vom Anbruch der Basileia keineswegs auch die Verkündigung Jesu, insbesondere in ihrer Akzentuierung der inneren Umkehr, erledigt war (M 215). Die Vision des Auferstandenen als definitive Interpretation für diese Wahrheit (M 214) ließ dabei auch durchaus noch eine (wenn auch verschobene) Erwartung vom künftigen Zeitalter zu. Erst als Paulus, die dritte Gründergestalt, die Idee der Universalität der Erlösung durchsetzte und der Auferstehungsglaube im heidenchristlichen Raum als Antwort auf die individuelle Todesproblematik aufgefaßt wurde, sei – so erklärt Machovec – seine Verselbständigung und damit die entscheidende Umkehrung der Perspektive geschehen: »Aus einer Bewegung, die sich nach radikaler Erneuerung in der Zukunft sehnt, wird so allmählich und unauffällig eine Gemeinde derjenigen, die an den Sieger glauben, der einst alles neu gemacht hat« (M 221).

Von dem, was Machovec zur weiteren Entwicklung kritisch und würdigend äußert, sei nur noch seine bezeichnende Wertschätzung der Logiensammlung Q, aber auch des Johannes erwähnt: dieser habe zwar endgültig die Platonisierung des Glaubens eingeleitet, andererseits aber konsequent das Bild vom verherrlichten Christus ins Leben Jesu projiziert (M 240), die Seligkeit eines Lebens in »Tat und Wahrheit« beschrieben und das »Göttliche« als Liebe begriffen (M 247). Was schließlich die lange Wirkungsgeschichte Jesu bis heute betrifft, hält Machovec ein endgültiges Urteil zurück. Zwar überlegt er, ob nicht gerade »die Schüler von Karl Marx ... das größere Recht haben, sich selbst als authentische Fortsetzer

... der urchristlichen Sehnsucht nach radikaler Veränderung zu verstehen« (M 253), aber er weiß auch, daß über derartige Fragen nicht akademische Diskussion, sondern allein der Maßstab entscheidet, ob von denen, die sich auf Jesus berufen, das »Prinzip des barmherzigen Samariters erfüllt« wird (M 258). Ja, es scheint ihm sogar, daß die Geschichte gerade unsere Situation für das von Albert Schweitzer geahnte »Volk des dritten Bundes« quer durch alle Konfessionen bestimmt haben könnte (M 259). Denn die Sache Jesu lebte weiter, obwohl schon seine Weltanschauung zerbrach, und sie kann weiterleben, weil es ihr allein »um den Menschen selbst« geht, »um seine Zukunft und seine Gegenwart, um sein Siegen und Versagen, seine Liebe und seinen Schmerz, um seine Verzweiflung und unauslöschliche Hoffnung« (M 269).

Der Mensch ohne Alternative?

Der Eintritt in eine Auseinandersetzung mit den dargestellten Jesusrezeptionen kann nur mit Zögern geschehen. Denn ihr Humanismus ist von so glaubwürdigem Engagement und ihr Ethos bis ins einzelne so sehr einem christlich vertretbaren ähnlich, daß man erst eine weite Strecke auf dem angebotenen Weg mitgehen möchte, ehe man Unterscheidungsfragen aufwirft. Diese würden vermutlich schon bald über die exegetischen Probleme hinausführen und die grundlegenden Optionen berühren, welche die jeweilige Interpretation leiten. Zwar scheint auch hier eine Annäherung möglich (Machovec z. B. hält angesichts der Weise, wie unter den Theologen Hromadka, Buber, Braun und auch Rahner von Gott reden, sogar seinen Atheismus für überprüfbar, stellt allerdings diese Erwägung als weniger dringlich sogleich auch wieder zurück, vgl. M 6); andererseits jedoch wäre es eine Unredlichkeit, die Unterschiede herunterzuspielen, deren sich besonders Gardavsky und Kolakowski bewußt sind. Das Beeindruckende ihrer Sinnentwürfe besteht ja eben darin, daß sie (deutlicher als etwa Bloch) die »Letztfragen« der traditionellen Metaphysik miteinbeziehen und eine Antwort auf sie betont im Rahmen ihres atheistischen Marxismus versuchen. Durchaus dankbar nimmt Gardavsky die Herausforderung an, die ihm Rahners Theologie der absoluten Zukunft bedeutet, weil sie an Fragen erinnert, welche die Grundlagen jeder Weltanschauung betreffen (G 158 f); aber »die absolute Frage in einer Gleichung gegen die absolute Antwort aufzuwiegen«, lehnt er mit Entschiedenheit ab. Deshalb kann der Marxist auch »den Ehrentitel eines anonymen Christen nicht akzeptieren. Er würde damit sein Elend, seine Hoffnungslosigkeiten und seine Ansprüche auf allzu billige Weise loswerden. Er wäre als Christ – wenn auch nur als anonymer – weniger, als er sein kann« (G 162).

Für den Marxisten ist der Atheismus die alleinige Dimension seines Denkens, Fragens und Antwortens, »erste Philosophie«, wie Gardavsky mit Aristoteles sagt (G 220), eine Position, die mit dem Anspruch auftritt, aus der Reflexion gewonnen zu sein und über die Religion hinausgreifen und »alle historischen Phasen der Entwicklung und der Kritik des Christentums« in sich aufheben zu können (G 173). Gardavsky rühmt es an Hegel, daß er das glückliche, aber selbst-lose Weltbewußtsein der Antike mit dem selbst-gewissen, aber abstrakt weltlosen unglücklichen Bewußtsein des christlichen Glaubens zu einem Bild des Menschen vereinte, der den Schmerz der Endlichkeit übernimmt und in der Arbeit an ihr zu sich findet; daß Hegel mit der Kategorie des Werdens den ersten Begriff fand, der der wirklichen Stellung des Menschen in Raum und Zeit und zugleich seiner geistigen Würde gerecht wird; er rühmt es an Feuerbach, daß er den Menschen mit seinem natürlichen Wesen versöhnte und in der Liebe die einzig wirkliche Gestalt menschlichen Selbsttranszendierens erschloß; Marx schließlich holte den Menschen auch noch »aus den Gärten der Liebe« in den Schnittpunkt der gesellschaftlichen Verhältnisse zurück, um ihm ihre Vermenschlichung als unerledigte Aufgabe vor Augen zu halten (G 177 ff). Aber erst wenn er sich in diesem Bemühen den bewußten Verzicht auferlegt, zu irgendeinem Prinzip, sei es Gott oder auch ein Gesetz der Geschichte, noch seine Zuflucht zu nehmen, um sich das Gelingen des offenen Prozesses garantieren zu lassen – erst dann hat der Mensch bis in die letzten Tiefen sein ungesichertes Wesen begriffen und sich völlig auf sich selber gestellt. Der marxistische Atheist, sagt Gardavsky, hat »ein Bild des Menschen vor Augen, der sein Leben als Mensch führen will ... Ohne überirdische Hoffnungen durchleidet er Grausamkeit und Ruhm des Lebens, Hoffnung und Enttäuschung. Er versucht der Geschichte ein neues Antlitz zu geben, wird aber von ihr ob seines Mutes nicht selten ungerecht bestraft und besitzt auch nicht die Gewißheit einer endgültigen Gerechtigkeit. Er empfindet seine Armseligkeit. Dessen ungeachtet geht er hin und kämpft für eine Sache, von der er weiß, daß sie nicht vollkommen ist und niemals vollkommen sein wird« (G 189).

»Authentische Areligiosität« – heißt es ebenso bei Kolakowski – »ist ... die Affirmation der menschlichen Situation in der Welt, der Situation, in der die Reintegration in die animalische Welt unmöglich und jede andere illusorisch ist – bewußter Verzicht auf Selbsttäuschungen bei gleichzeitigem Wissen um die Situation, die diese Selbsttäuschungen hervorbringt« (K 111). Deshalb gilt es vor allem, sich der unumstößlichen und ängstigenden Gewißheit des Todes zu stellen. Mag man vielleicht auch geneigt sein, die Frage nach dem Sinn des Lebens, die der Tod aufwirft, als Luxus der Natur zu betrachten, wird sie doch, wenn sie erst einmal da ist, unwiderruflich und läßt sich nicht mehr vergessen[43]. Es wäre inhuman, sie mit dem Hinweis auf die menschliche Gattung und ihren glücklichen Endzustand zu unterdrücken oder den einzelnen aus der Forderung einer eigenen Antwort zu entlassen, denn damit würde er als Subjekt seines Schicksals abgesetzt und zum ersetzbaren Mittel verrechnet. »Da der Mensch ›die Wurzel für den Menschen ist‹, ... ist der Sinn des Lebens jedes einzelnen so, wie jeder ihn sich selbst gibt. Niemand wird mit einem fertigen Sinn des Lebens geboren, denn dieser bleibt immer eine Sache der Wahl«[44]. Darauf zu bestehen, gibt Gardavskys und Kolakowskis Reflexionen ihren sittlichen Rang; aber ebenso charakteristisch ist ihr Bemühen, jede Antwort zu vermeiden, die den einzelnen mit seinem absoluten Verlangen nach Glück erneut isolieren und damit für seine Befreiung aus der Entfremdung des Objektivismus nur die Wirklichkeitslosigkeit eines hypostasierten Subjekts eintauschen oder ihn aber endgültig als Objekt einem fremden Gott ausliefern würde. Des persönlichen Todes, der Fraglichkeit der geschichtlichen Zukunft, ja sogar der Entropie des Universums gewiß, vermögen sie wie Pascal die Größe und das Elend des Menschen zu schildern[45]: selbst »die Liebe wird es nicht schaffen, uns aus dem Endlichen in Götter umzuwandeln. Die Größe des Menschen wird durch die Vernunft bestimmt, aber die Vernunft bewahrt ihre eigene Größe erst dann, wenn sie ihre eigene Vergänglichkeit anerkennt« (K 68). Nicht minder deutlich jedoch und ebenfalls im Anklang an Pascals Argument der Wette, der mit der Wahl Gottes nichts zu verlieren, aber alles gewinnen zu können glaubte, formulieren sie ihre Alternative, die wohl kaum noch einmal durch eine theoretische Reflexion zu überbieten oder gar zu ent-

[43] Vgl. *L. Kolakowski,* Der Mensch, 184.

[44] *L. Kolakowski,* aaO. 173. Vgl. zum folgenden bes. den Abschnitt »Die Weltanschauung und das tägliche Leben«, aaO. 169–192; zur Sinnproblematik ferner *V. Gardavsky,* Gott ist nicht ganz tot, 221–236 (»Der marxistische Atheismus als Metaphysik«).

[45] Zur Auseinandersetzung mit Pascal vgl. *L. Kolakowksi,* Geist und Ungeist, 58–69 (»Die Banalität Pascals«); *V. Gardavsky,* Gott ist nicht ganz tot, 90–112 (»Pascal. Das ›Unendlich‹ der Mathematik und des Menschen«).

scheiden sein dürfte: es gelte, im Bewußtsein prinzipieller Begrenzung jede einzelne Grenze zu überschreiten und sich erst ganz zum Schluß das eigene Werk entwinden zu lassen. Darin bestehe der Irrtum Pascals: das, was *alles* ist, nur als Beginn darzustellen, »denn wenn wir irrtümlich auf die Ewigkeit rechnen, können wir den Einsatz des zeitlichen Lebens verlieren, und damit verlieren wir auch alles, was wir haben«[46]. Nur wenn das nach sich selbst fragende Subjekt sein individuelles Leben in die menschliche Geschichte reintegriert und diese Geschichte »symbiotisch« als eigene versteht und empfindet, gewinnt es die Chance der Rückkehr zu einem sinnvollen Leben[47]. Die Kraft, aus der diese Vermittlung gelingt, der »Kompositionsschlüssel«, nach dem das Innere mit den gegenständlichen Beziehungen harmonisch zusammenzuklingen vermag, heißt Liebe (G 234 ff)[48]. Mit einem Zustand unaufhörlicher Seligkeit hat sie indessen wenig zu tun. »Die Erde ist selten ein Paradies, und das Leben, dem man einen Sinn verleiht, wird dadurch noch nicht förhlich. Es wird nur in der Welt verwurzelt, bejaht mit allem, was bestimmt unvermeidlich ist, ... wird ... in seinem Streben nach klar umrissenen Zielen dynamisch ... Das ist gar nicht wenig, und wenn es auch nicht genügt, um sorglose Begeisterung und Enthusiasmus als beständige Lebenseinstellung zu erwecken, so kann es doch das Bewußtsein der Wertlosigkeit des erlebten Schicksals wirklich völlig vernichten«[49]. »Güte ohne universale Nachsicht, Mut ohne Fanatismus, Intelligenz ohne Verzweiflung und Hoffnung ohne Verblendung« sind die Tugenden, durch die eine solche Entscheidung den gefundenen Sinn zu bewähren versucht[50].

Daß die Wahl, die Kolakowski und Gardavsky anbieten, ihrer negativen Seite nach, nämlich in der Ablehnung jedes Theismus, weiterhin vom reli-

[46] *L. Kolakowski,* Der Mensch, 174.
[47] Vgl. *L. Kolakowski,* aaO. 185.
[48] In der Idee des »dialogischen Kreationismus«, zu der Gardavsky diese Gedanken weiterentwickelt, wird noch ausdrücklicher auf den geschichtlichen Gestaltungsprozeß als zwischenmenschliches Geschehen abgehoben. Liebe wird dabei als »geistig-praktische Beziehung« beschrieben, »in der alle menschlichen Lebenskräfte in Taten zu Wort kommen, die den Charakter des Einzigartigen, *Unverwechselbaren* haben und daher zwischen den Menschen den Raum für das Glücksgefühl und die Qual eröffnen, die zu jeder wirklichen Schöpfung gehören ... Die Zeit, die Menschen dabei durchleben, ist die Zeit ernsthaften Spiels; der Raum, in dem sie sich bewegen, ist die Ebene des *Dialogs,* der sie vereint und dem Schaffen zuführt« (Hoffnung aus der Skepsis, 73).
[49] *L. Kolakowski,* Der Mensch, 185.
[50] *L. Kolakowski,* aaO. 252.

gionskritischen Vorbehalt lebt, ist trotz einiger Einschränkungen, die sie vornehmen, offenkundig. So räumt Gardavsky zwar ein, daß Gott für den Christen nicht nur ein Prisma sein muß, in dem sich für ihn die Welt reflektiert, sondern auch als unmittelbarer Anruf zu einer gesellschaftlich und menschlich verantwortbaren Entscheidung für eine Tat bedeutungsvoll sein kann (G 218). In diesem Sinn hat er ja selbst die Funktion des Gottesgedankens für das Alte Testament und Jesus gewürdigt, freilich auch schon dabei in Anspruch genommen, ihn seinerseits als Chiffre für die Möglichkeiten des Menschen durchschauen zu dürfen. Für stärker noch schätzt er jedoch die Gefahr ein, die Feuerbach nannte: »... vergegenständlicht der Mensch in Gott sein eigenes Wesen, indem er es in ein fiktives Subjekt umwandelt, so wird er nun selbst zum Gegenstand dieses Subjekts und gibt sich ihm für seine Zwecke in die Hand. Ist Gott allmächtig, so ist der Mensch ohnmächtig« (G 183). Die klassischen Themen der Religionskritik bleiben also auch im Gespräch mit den Vertretern des offenen Marxismus akut.

Freilich dürfte es – da ihre Position nicht nur als Kritik, sondern als positive Alternative auftritt – nicht weniger lohnen, die Nähe ihrer tragenden Motive zur existenzialistischen Philosophie der Absurdität zu beachten. Hier wie dort verbindet sich das Pathos des unverdunkelten Blicks auf die physischen Grenzen und die endgültige Niederlage mit einer geradezu emphatischen Entschlossenheit, die immanenten Möglichkeiten voll zu entfalten. Durch seine aktive Koexistenz mit der Welt und ihrer Geschichte und durch die vorbehaltlose Identität mit jedem seiner Entschlüsse soll das Dasein die Fremdheit des Schicksals und die eigene abstrakte Todesfurcht überwinden und den auf solche Weise errungenen Sinn auch der Welt übertragen. Der erst so sich wahrhaft konstituierende Mensch transzendiert zur Welt und zur Menschheit in der Hoffnung, daß er Hoffnung gewährt. Aber noch mehr scheint er getragen von der Faszination, die im Gedanken der unwiederholbaren Gegenwart liegt. Noch die Prädikate des Wunderbaren und Abgründigen, des Ernstes und des Glücks, mit denen Gardavsky Liebe beschreibt, haben ihren geheimnisvollen Zusammenhang darin, daß der Mensch sie dem Nichts gegenüber behauptet. Durch das absolute Vermögen der Freiheit kann auch das Endliche die Qualität des Unbedingten gewinnen. Freiheit kann durch Verachtung des endgültigen Schicksals mit ihm versöhnen. Selbst die Tragik der Niederlage wird zur Quelle menschlicher Hoffnung – wenn sie *gewählt* ist. »Das vernünftige Bewußtsein von den eigenen Grenzen und der unvernünftige Versuch ihrer Bekämpfung« – diese »Antinomie wird zum täglichen Brot. Wir besitzen keine Kraft, um das zu vermeiden, wir können nur die Torheit begehen« (K 68). Denn obwohl die freie Wahl nie ohne Risiko eines großen Irrtums bestehen kann, ist sie es wert, sie zu wagen, weil dieses Risiko geringer ist als beim Verzicht auf die Freiheit der Wahl, was in Wirklichkeit heißt, auf das sinnvolle Leben[51]. All diese Züge entsprechen der Gestalt des Sisyphos, wie Camus sie interpretiert hat und die deshalb auch für die Philosophie Gardavskys und Kolakowskis als Symbol stehen könnte, als das Symbol eines Bewußtseins, das am Ende der Neuzeit, aber in entschlossener Treue zu ihr das Idol des Prometheus verabschiedet hat.

Christliche Theologie wäre schlecht beraten, wenn sie nur beobachtend abwarten wollte, wie weit ein solcher Sinnentwurf trägt. Wohl aber ist sie ihm und sich Klarheit über die Veränderung schuldig, welche alle ethischen Vollzüge und die Erfahrung des Daseins selbst noch einmal in der Sprache ihres Glaubens gewinnen, der Sinn als Geschenk nimmt und Liebe als Antwort vollbringt. Doch eben wenn sie damit nicht für sich allein bleiben will, muß sie auch die Situationen aufspüren und allererst mitgestalten, in denen ihre Art, von Jesus und seinem Gott zu reden, mitteilbar wird und frei ist von dem Verdacht, die Solidarität mit den humanen Anstrengungen ihrer Zeit zu überspringen. Wie sie dies – überzeugt vom Wert des eigenen Glaubens und doch ohne die gelebten Sinnerfahrungen anderer zu diskreditieren – tun kann, müßte ihr brennendstes gegenwärtiges Anliegen sein.

---

[51] Vgl. *L. Kolakowski,* aaO. 191.

IV. DAS CHRISTUSDOGMA (FROMM)

Eine Christologie, die ihre Berufung auf Jesus verantworten will und in der gegenwärtigen Auseinandersetzung um ihn zu lernen bereit ist, kann nicht nur auf der Ebene der reinen Ideen verbleiben, sondern wird sich auch auf eine Denkweise einlassen müssen, die statt die Menschen aus ihren Gedanken umgekehrt die Ideen und Ideologien von den Menschen her, die sie geschaffen haben und an sie glauben, begreift und diese Sicht empirisch bzw. am historischen Material zu verifizieren versucht. Freilich kann im Rahmen dieser Auswahl nur eine der zahlreichen und sehr unterschiedlichen Stimmen zu Wort kommen, die sich aus psychoanalytischer Perspektive zu Religion und christlichem Glauben äußern. *Erich Fromms* sozialpsychologische Studie »Die Entwicklung des Christusdogmas«[52] scheint jedoch von besonderem Interesse, weil sie einmal die psychoanalytische Theorie Freuds mit der marxistischen Kritik der Gesellschaft verbindet und zum andern die Entwicklung vom Auftreten Jesu bis zum Glauben an den menschgewordenen Sohn Gottes, die bisher immer nur angesprochen wurde, ausdrücklich und mit ausgewiesener Methodik analysiert. Ein entscheidendes Problem der Frommschen Betrachtungsweise liegt allerdings darin, daß sie sich sogleich auf die Träger des Urchristentums konzentriert, welche die Verkündigung Jesu aufnahmen und zu einem Glauben ausbildeten, der dann lediglich als Ausdruck der sozioökonomischen Situation verständlich gemacht wird. Denn durch die kollektivistische und deterministische Tendenz dieses Verfahrens ist nicht nur eine starke Nivellierung der vielfältigen neutestamentlichen Glaubenszeugnisse bedingt, sondern auch die Entdeckung einer Einmaligkeit und Besonderheit Jesu, die alle bisher besprochenen Autoren – wenn auch in unterschiedlicher Akzentuierung – herausstellten, von vornherein unmöglich gemacht.

Autoritäre und humanitäre Religion

Eine weitere einschränkende Vorbemerkung betrifft die Stellung des genannten Essays im Denken Fromms selber. Seit 1930, dem Jahr seiner

[52] *E. Fromm*, Die Entwicklung des Christusdogmas (1930), in: *ders.*, Das Christusdogma und andere Essays, München 1965, 7–91 (im Text zitiert nur mit Seitenangabe).

Erstveröffentlichung, hat Fromm seine Religionskritik erheblich modifiziert. Aus dem strengen Freudianer, der »die soziale Funktion der Religion als Ersatz für reale Befriedigung und als Mittel zu sozialer Kontrolle einseitig« betonte (7), wurde der Vertreter eines radikalen Humanismus, der Religion nicht mehr einfachhin, sondern nur noch in ihrer autoritären Form kritisiert und infolge einer gewandelten Anthropologie, die nun stärker die Dichotomie von Geist und Materie beachtet, die Notwendigkeit von Idealen und geistigen Systemen herausstellt, welche die menschlichen Kräfte in Richtung eines höheren Selbst integrieren.

Dementsprechend zielt Fromms kritische Unterscheidung in »Psychoanalyse und Religion« (1950)[53] auf die Formen innerhalb der Religion selber[54]. Als *autoritär* bezeichnet er diejenigen unter ihnen, in denen der Mensch sich an eine jenseitige Macht, die von ihm vor allem andern Gehorsam verlangt, hingibt und für die Geborgenheit und Sicherheit, die er dabei gewinnt, seine Integrität und Selbständigkeit opfert. Alle Verdikte Feuerbachs treffen auf diesen Religionstypus zu. Fromm rechnet zu ihm nicht nur die primitiven Religionen, nach deren Muster er übrigens auch säkularisierte Formen religiöser Entfremdung wie die Anbetung der staatlichen Macht und des Marktes diagnostiziert, sondern auch zahlreiche Ausprägungen der großen monotheistischen Religionen, sofern sie – statt die weltlichen Mächte herauszufordern und dem Rückfall in die Idolatrie entgegenzuarbeiten – immer wieder mit ihnen paktierten, ihre meiste Kraft für die Fixierung und Behauptung von Glaubensdogmen aufwandten und so selber den Geist des religiösen Ideals pervertierten. »Der wahre Sündenfall des Menschen ist seine Entfremdung von sich selbst, seine Unterwerfung unter die Macht, seine Wendung gegen sich selber – auch dann, wenn sie sich in der Verkleidung seiner Gottesverehrung vollzog«[55].

In der *humanitären* Religion dagegen wird der Mensch zu sich selber gebracht, zur Einsicht in seine Begrenzung und zur Entfaltung seiner Kräfte zugleich. Als Ausdruck seiner Sehnsucht nach Vollständigkeit ist solche Religion mehr als nur ein System ethischer Orientierung. Fromm weiß

---

[53] Dt. Ausgabe Konstanz 1966. Vgl. aber auch schon *E. Fromm,* Die Furcht vor der Freiheit (1941), dt. Ausgabe Frankfurt 1966; *ders.,* Psychoanalyse und Ethik (1947), dt. Ausgabe Konstanz 1954. Aus neuester Zeit vgl. ferner *ders.,* Einige post-marxsche und post-freudsche Gedanken über Religion und Religiosität, in: Concilium 8 (1972), 472–476.

[54] Vgl. zum folgenden *N. Greinacher,* Erich Fromm, in: *W. Schmidt* (Hg.), Die Religion der Religionskritik, München 1972, 28–37.

[55] *E. Fromm,* Psychoanalyse und Religion, 65.

den Wert kontemplativer und mystischer Sinnerfahrung zu schätzen und an Buddha, Jesaja, Sokrates, Jesus und (bezeichnenderweise) Spinoza eindringlich zu schildern. Ebenso deutlich ist freilich, daß in solchen Erfahrungen das Innewerden des Lebens und der Alleinheit im Vordergrund steht und Fromm dem Gottesgedanken darüber hinaus keinen positiven Gehalt abgewinnt. Den Namen eines »Theisten« lehnt er für sich ausdrücklich ab[56], ohne sich deshalb allerdings weniger für die religiösen Überlieferungen zu interessieren. Die geistige Geschichte seines eigenen jüdischen Volkes – angefangen von der biblischen Zeit bis zu den jüdisch beeinflußten Denkern der Neuzeit – versucht er als Evolution des radikalen Humanismus zu interpretieren. »Das Alte Testament ist das Dokument, das die Entwicklung eines kleinen, primitiven Volkes, dessen geistige Führer auf der Existenz eines Gottes und der Nichtexistenz von Götzen bestanden, zu einer Religion mit dem Glauben an einen namenlosen Gott, an die endgültige Vereinigung aller Menschen, an die vollkommene Freiheit jedes Individuums schildert«[57]. Wie sich diese Ideale und vor allem – begünstigt durch das tragische Schicksal des Judentums – die Vision eines gewaltlosen Lebens in einer langen Geschichte des Widerspiels von nationalistischen und universalen Tendenzen, konservativen und radikalen Kräften, Fanatismus und Toleranz herausbildeten und schließlich durchsetzten – das ist das Thema des Buches, das Fromm »Die Herausforderung Gottes und des Menschen« (1966) nannte. Fromms Humanismus fühlt sich dieser jüdischen Tradition verbunden, wenn er die Einheit des Menschengeschlechts und die Fähigkeit des Menschen betont, seine eigenen Kräfte in innerer Harmonie zu entwickeln und eine friedliche Welt zu errichten; und er möchte sie in radikaler Weise vollenden, indem er die vollkommene Unabhängigkeit des Menschen als letztes Ziel formuliert und als Voraussetzung dafür ein volles Bewußtsein der Realität ohne Fiktionen und Illusionen verlangt[58].

Religion in der Klassengesellschaft

Kehren wir nach diesem Ausblick zum »Christusdogma« zurück. Immerhin hat Fromm den Kern dieser Studie noch 1965 für interessant genug angesehen, um sie in unveränderter Gestalt neu zu veröffentlichen (8).

---

[56] Vgl. *E. Fromm,* Die Herausforderung Gottes und des Menschen (1966), dt. Ausgabe Konstanz 1970, 13.
[57] *E. Fromm,* aaO. 14 f.
[58] Vgl. *E. Fromm,* aaO. 19.

Zunächst ist zu sehen, in welcher Weise Fromm in ihr (9–28) die Methode und Resultate Freuds übernimmt, um die sozialpsychologische Funktion der Religion zu bestimmen[59].

Schon Freud hatte die prinzipielle Unterscheidung zwischen einer Sozialpsychologie, die eine »Gruppenseele« oder dergleichen voraussetzt, und einer isolierten Personalpsychologie überwunden, eben indem er die psychische Entwicklung des Individuums aus seinen frühen sozialen Beziehungen erklärte. Darum läßt sich der Unterschied beider Disziplinen nur quantitativ mit der Formel ausdrücken: je größer die Anzahl der untersuchten Individuen (die Gruppe), desto geringer die Einsicht in die psychische Eigenart des einzelnen. In beiden Fällen wird historisch verfahren: Während die Psychoanalyse unter der Voraussetzung einer nicht näher bestimmbaren Triebkonstitution die Triebentwicklung des einzelnen aus der Kenntnis seines Lebensschicksals erklärt, will die Sozialpsychologie die eine Gruppe verbindenden, sozial relevanten psychischen Haltungen von ihrer gemeinsamen Lebenssituation her verstehen und muß deshalb eingehend deren geistige, wirtschaftliche, gesellschaftliche und politische Faktoren erheben. Dabei hat sie es mit gesunden, d. h. an ihre jeweilige Realität angepaßten Personen zu tun; ihr geht es, indem sie die libidinöse Struktur einer Gesellschaft gerade als Resultat der Anpassung des Triebapparates an die gegebenen sozioökonomischen Lebensbedingungen auffaßt, um Einsicht in übergreifende Tendenzen der gesellschaftlichen und geschichtlichen Entwicklung, während die Psychotherapie die Heilung einzelner neurotisch erkrankter Personen anstrebt. Als Aufgabe der Sozialpsychologie bei der Behandlung religiöser Vorstellungen ergibt sich daraus, sie aus der psychischen Eigenart der sie tragenden Gruppen und diese wiederum aus ihrer realen Situation zu betrachten (16).

Vorausgesetzt bleibt dabei die psychoanalytische Theorie der Religion. Freud hatte, indem er von der Verschiebbarkeit und Sublimierbarkeit der libidinösen Triebe ausging und als Regulator des psychischen Apparates das durch das Realitätsprinzip modifizierte Lustprinzip annahm, die psychologische Möglichkeit der Religion im Sinne der Ersatzbefriedigung begründet und sie in »Totem und Tabu« (1913) als Wiederholung der ungelöst ambivalenten kindlichen Beziehung zum Vater beschrieben. »Die Zukunft einer Illusion« (1927) hielt diesen infantilen Zug fest, reflektierte

[59] Vgl. zum folgenden Abschnitt auch *E. Fromm*, Über Methode und Aufgabe einer analytischen Sozialpsychologie (1932), in: *H.-P. Gente* (Hg.), Marxismus – Psychoanalyse – Sexpol, Frankfurt 1970 (Fischer-Taschenbuch 6056), 129–153.

jedoch stärker auf den Faktor der gesellschaftlichen Realität, die Religion nicht nur möglich, sondern auch nötig sein läßt: es hängt am Stand der technischen Entwicklung und der mit ihr verbundenen Emanzipation des Bewußtseins, ob die Menschen religiöser Illusionen bedürfen, die den Schrecken der Natur bannen, die Forderungen des kulturellen Zusammenlebens sanktionieren und zugleich für die von der Gesellschaft auferlegten Triebverzichte entschädigen. Dabei beruht die besondere Stärke des Stabilisierungseffektes darauf, daß die Religion als Illusion, die von allen (und solange sie von allen) phantasiert wird, selber den Charakter einer Realität annimmt. Die geschichtliche Organisation der Gesellschaft und ihre Veränderungen sowie die gesellschaftliche Bedingtheit des Ödipuskonflikts selber hatte Freud allerdings auch in dieser Schrift noch kaum beachtet. Faßt man also – worauf nun Fromm allen Wert legt – die faktische Klassenstruktur der Gesellschaft ins Auge, läßt sich jene Auswirkung der Religion noch differenzieren: »Die Religion hat also eine dreifache Funktion: für alle Menschen die des Trostes für die allen vom Leben aufgezwungenen Versagungen, für die große Masse die der suggestiven Beeinflussung im Sinne ihres psychischen Abfindens mit ihrer Klassensituation und für die herrschende Klasse die der Entlastung vom Schuldgefühl gegenüber der Not der von ihr Unterdrückten« (27). Fromms analytische Sozialpsychologie – das wird hier deutlich – will also nicht nur das Ideologieverständnis des historischen Materialismus bereichern, indem sie das menschliche Triebleben in den Faktor »Natur« einbezieht und den Übergang zwischen Basis und Überbau methodisch aufklärt; ebensosehr möchte sie auch die Voraussetzungen der psychoanalytischen Religionstheorie in ihrer geschichtlichen Bedingtheit und so die Möglichkeit ihrer Veränderung aufzeigen. Somit ist auch das praktische Interesse benannt, mit dem Fromm an die Analyse der Entwicklung des frühkirchlichen Glaubens herangeht.

Gott werdender Mensch und menschgewordener Gott

In der Durchführung beschränkt sich Fromm allerdings nun darauf, die Anfangs- und Schlußphase dieser Entwicklung gegenüberzustellen und die Ausarbeitung einiger Andeutungen über die Zwischenstadien (71–81) einer späteren Untersuchung zu überlassen. In beiden Fällen wird zuerst aus den äußeren Verhältnissen die psychische Verfassung der Gläubigen und sodann von ihr aus der psychologische Sinn der Glaubensgehalte verständlich gemacht.

Als erstes Stadium setzt Fromm den Abschnitt etwa von der Zeitenwende bis zur Zerstörung Jerusalems an (28 ff). An der Spitze der Sozialpyramide des palästinensischen Judentums jener Zeit standen der Feudaladel und die Geldaristokratie, die von den Sadduzäern religiös repräsentiert wurden und mit den römischen Herrschern gemeinsame Sache machten. Die unterste Stufe bildeten die Landbevölkerung und ein ständig wachsendes Stadtproletariat; sie waren der eigentliche Träger der revolutionär-messianischen Hoffnung. Die Schichten des mittleren und Kleinbürgertums zeigten sich in der Römerfrage weniger einig; doch wurden ihre Führer, die Pharisäer, von den Massen geachtet, von der alleruntersten Schicht des Proletariats und der Am-Haarez dagegen ebenso gehaßt wie die herrschende Klasse. Je mehr der wirtschaftliche Druck sich verschärfte, wuchsen der Widerstand gegen die Römer und die Spannungen innerhalb des jüdischen Volkes selbst. Ausführlich geht Fromm der Geschichte der politischen Aufstands- und Befreiungsbewegungen nach bis hin zum endgültigen römischen Sieg, bei dem Hunderttausende der Proletarier und Bauern ihr Leben verloren. Einen weniger aktiven Ausdruck gaben sich die revolutionären Wünsche in der volkstümlichen apokalyptischen Literatur; je aussichtsloser die Hoffnung auf reale Besserung wurde, desto mehr flüchteten sich die Verzweifelten in ihre phantastischen Zukunftsvisionen. Der armen, ungebildeten, ausgebeuteten Masse des jüdischen Volkes entstammten schließlich auch die Träger des Urchristentums als der (neben den genannten Richtungen) bedeutungsvollsten messianischen Bewegung. Sie nahmen begeistert Jesu Verkündigung auf, die ihren Blick auf den nahen Anbruch eines wunderbaren Zeitalters gelenkt hatte, in dem die Armen reich, die Hungernden satt wären und die Unterdrückten zur Herrschaft gelangten. Die Forderungen, in der Erwartung dieses Reiches auf irdisches Gut zu verzichten und alles Vertrauen auf Gott zu richten, trafen genau ihre Lage. Fromm betont den die Evangelien durchziehenden Haß auf die Reichen, Priester, Gelehrten, kurz: auf alle herrschenden Autoritäten und zeichnet dementsprechend die erste Christengemeinde als eine Brüderschaft unterdrückter, von Hoffnung und Haß zusammengehaltener Enthusiasten, die sich von Zeloten und Sikariern nur dadurch unterschieden, daß sie ihren Wünschen auf der Ebene der Phantasie Gestalt gaben.

Den Kristallisationspunkt ihrer kollektiven Wunschphantasien bildete das Verhältnis Jesu zum Vatergott (46 ff), speziell der Gedanke, der Gekreuzigte sei zu Gott erhoben und werde bald zum Gericht wiederkehren. Die besondere Befriedigung, die er gewährte, lag darin, daß er Wünsche zu träumen erlaubte, die vorerst durch keine Realität widerlegt werden konnten. Zwei Momente sind für diesen urchristlichen Adoptianismus im Unterschied zu vergleichbaren zeitgenössischen Vorstellungen entscheidend: daß es erstens der Gekreuzigte ist, der erhöht wird, und daß er zweitens als Sohn auf die Ebene Gottes selber gestellt wird. Nur so konnte er zur Identifikationsfigur für die Leidenden werden, die sich ihre eigene Erhöhung und die Entthronung Gottes ersehnten. Denn obwohl ihr bewußter Haß nur der herrschenden Schicht galt, mußte er unbewußt doch auch den göttlichen Vater betreffen, den sie als Verbündeten ihrer Unterdrücker erlebten. Zugleich war der Christusmythos durch die eigentümliche Zwischenstellung, die er dem Gekreuzigten zuwies, geeignet, der Ambivalenz der ödipalen Gefühle gegen den Vatergott Ausdruck zu geben: man konnte die ihm geltenden Todeswünsche verdrängen, indem man sie auf den Sohn übertrug, und zugleich konnte dieser stellvertretend das aufkommende Bedürfnis erfüllen, für die Aggressionen zu büßen, ohne daß allerdings in diesem Stadium, das noch auf die bevorstehende Umwälzung hoffte, ein masochistisches Sühnemotiv schon im Vordergrund stand.

Die Kirche zu Beginn des vierten Jahrhunderts zeigt ein völlig verändertes Bild (53 ff). Einzelne Angehörige der wohlhabenden und gebildeten Schichten hatten schon zu den paulinischen Gemeinden gezählt, am Ende des zweiten Jahrhunderts aber war es deutlich so weit, daß das Christentum aufhörte, nur ein Glaube von Handwerkern und Sklaven zu sein. Und als es unter Konstantin Staatsreligion wurde, war es inzwischen die Religion weiter Kreise der herrschenden Klasse geworden. Das römische Weltreich stellte sich zu dieser Zeit als ein feudaler Klassen- und Ständestaat dar, dessen festes Gefüge durch die absolutistische Monarchie und ein weitverzweigtes hierarchisches Verwaltungssystem gewährleistet wurde. Zudem machte der Stillstand, ja Rückgang der Produktivkräfte jeden sozialen Fortschritt unmöglich. Wollte das Christentum die ihm zuwachsende staatserhaltende Aufgabe erfüllen, mußte es den Bedürfnissen der Herrschenden wie der Beherrschten entsprechen. Wesentliche Wandlungen machten es dafür geeignet: die enthusiastisch-apokalyptischen Hoffnungen waren erloschen, statt dessen wurde das Heil als ein Innerliches, Geistiges und Individuelles verstanden, garantiert durch den Glauben an die schon vollbrachte Erlösung; das kosmologische hatte das historische Interesse verdrängt, und an die Stelle des praktischen ethischen Rigorismus war die Befriedigung durch die Gnadenmittel der Kirche getreten. Vor allem aber glich sich die Kirche auch organisatorisch der staatlichen Hierarchie an: in der Gemeinschaft ehemals gleichberechtigter Brüder entstanden nun geistliche, dem Staat verpflichtete Autoritäten, die über den Glauben befanden, über die Heilsmittel verfügten und natürlich allen Wert darauf legen mußten, die Masse der Gläubigen in ihrer Anhänglichkeit zu erhalten und mit ihrer realen Situation zu versöhnen.

Wie gut die veränderte Christologie den ideologischen Teil dieser Aufgabe wahrnahm, zeigt das neue homousianische Dogma (62–67). Denn indem es die adoptianische Vorstellung vermied, daß ein Mensch Gott werden könne, eliminierte es die alten vaterfeindlichen Tendenzen und konnte doch (besser als jeder Kaiserkult) gerade der leidenden Masse ihre Identifikationsmöglichkeit erhalten, indem es ihren gekreuzigten Repräsentanten als präexistenten Logos vorstellte. »Jesus wird selber Gott, ohne Gott zu stürzen, weil er immer schon ein Bestandteil Gottes war« (63). Sohnesputsch und Sohnestrotz lösen sich auf in der Harmonie ewiger Wesenseinheit. Aus dem Gott werdenden Mensch wird der menschgewordene Gott. Daß in diesem Gedanken die Hauptbewegung vom Vater zum Sohn bzw. von Gott zum Menschen verläuft, ist Ausdruck der neuen passiven Glaubenseinstellung, die sich der realen Lage psychisch angepaßt hatte: statt in vergeblichem Haß zu verharren, war es besser, sich lieben zu lassen. Die notwendig verbleibenden Aggressionen aber suchten sich einen anderen (gesellschaftlich unschädlichen) Weg: statt sich gegen die Unterdrücker zu empören, gaben sich die Leidenden selber die Schuld an ihrem Unglück und suchten sie eben durch ihr Leiden zu sühnen. Die Herrschenden aber und ihre Priester, die diese psychische Verfassung in meisterhafter Weise noch zu verschärfen verstanden, hatten davon doppelt Gewinn: weil sie es ja waren, die den Gequälten väterliche Vergebung darboten, festigten sie deren Abhängigkeit, sicherten sich noch dazu ihren Dank und konnten zugleich sich selber von allen Schuldgefühlen entlasten, indem sie das Leiden als Gnade verklärten und der Masse die Liebe Gottes versprachen, die durch die Einheit des Vaters mit seinem leidenden Sohn ja erwiesen und gerade den Sühnebereiten in Aussicht gestellt war. Was außerdem noch an Wünschen verblieb, wurde in der Phantasie vom glücklichen Jenseits befriedigt, welches das ursprünglich erhoffte glückliche Diesseits ersetzte.

Es ist offenkundig, daß der so analysierte nizänische Glaube die sozialpsychologische Funktion einer stabilisierenden Illusion in geradezu klassischer Weise erfüllte. Aber Fromm geht noch einen Schritt über dieses Ergebnis hinaus, indem er den logischen Widersinn der Formel von der

Zweieinheit in den Blick faßt und das tiefenpsychologische Motiv aufspürt, das sich in ihr verbirgt (68–71). In der Realität gibt es nur eine Situation, die jene Formel erfüllt: die praenatale Einheit von Mutter und Kind. Der sich bald schon entwickelnde Marienkult – Fromm verweist auf Ephesus und den Nestorianischen Streit – berechtigt also dazu, die ihm zugrundeliegende infantile Regression als Tendenz auch schon hinter dem Nicaenum zu vermuten. In der Figur der Maria wird der mütterliche Charakter, den man unbewußt schon dem Vatergott zuzulegen begonnen hatte, bewußt und für sich selber erlebt. Ihre Bedeutung wächst, je mehr die Gestalt des menschlichen Jesus zugunsten des präexistenten Gottessohnes zurücktritt und sich entzieht. Die Begnadete wird zur Gnadenvollen und Mildreichen erhoben. Als bergende und schützende Mutter tritt sie an die Stelle des einst strengen und sodann vergebenden Vaters. Entsprechend wandelt sich die Identifikationsfigur Jesus: der einst aufrührerische, dann leidend-sühnende (aber immer mehr zu Gott enthobene) Sohn wird wieder zum Kind, ebenso wie die zuerst vaterfeindliche, dann masochistisch-gefügige Haltung der Massen zu der des willenlos-geliebten Säuglings zurückkehrt. Ein restlos gefügig gewordener Glaube kann auch ohne masochistische Selbstunterwerfung verzeihende Liebeszuwendung erlangen. Durch die Inanspruchnahme der Mutter-Metapher hat es die Kirche verstanden, diese Gefühlseinstellung auch auf sich selber zu ziehen. Beachtet man zudem die Bedeutung, welche Verhungerungsangst und orale Befriedigung im Seelenleben spielen, und vergegenwärtigt man sich, wie die Situation der ständischen mittelalterlichen Gesellschaft, in der die Massen auch real in einer geradezu oralen Abhängigkeit von den Herrschenden standen, namentlich diese Angstfigur noch verstärken mußte, dann wird auch der gesellschaftliche Effekt der marianischen Frömmigkeit in plastischer Weise deutlich: das Bild der stillenden Madonna war der Höhepunkt der Befriedigung, die das Christentum der Phantasie der abhängigen notleidenden Massen überhaupt bieten konnte (70). Der Katholizismus, so Fromm, bedeutete »die verhüllte Rückkehr zur Religion der großen Mutter, als deren Besieger Jahwe auf den Plan getreten war« (91). Erst der Protestantismus greift wieder auf den Vater-Gott zurück und eröffnet eine Epoche, die eine aktive Haltung der Massen von neuem zuläßt[60].

---

[60] Daß der Zerfall und die Überwindung der mittelalterlichen Lebenswelt freilich keineswegs nur Befreiung bedeutete, hat E. Fromm dann in »Die Furcht vor der Freiheit« (70–106, 163 ff) in ausführlicher Analyse der Reformation und ihrer Theologie eindrücklich gezeigt. Die eigentümliche Dialektik der Freiheit

Es läßt sich vermuten, daß Theologen auf eine derartig destruktive Diagnose ihres Glaubens immer noch mit Abwehr und Unwillen reagieren. Aber selbst diejenigen, welche bereit sind, sich auf nicht-bewußte psychische Motive aufmerksam machen zu lassen, vermissen wahrscheinlich in Fromms reduzierender Rekonstruktion jeden Sinn für die Erfahrungen, die ihnen am Glauben wertvoll und eigentümlich erscheinen und von denen sie es noch keineswegs für ausgemacht halten, daß sie einer Ideologiekritik nicht standhalten können. Exegeten und Historiker (und zwar Theologen wie Nichttheologen) werden außerdem zahlreiche Einzelheiten anführen, die eine andere Darstellung als die Fromms nahelegen. Selbst wenn man z. B. den Einsatz beim Urchristentum akzeptiert, läßt sich fragen, ob nicht die frühe Christologie und die biblische Ethik gerade in ihrer pluralistischen Ausprägung, die Fromm ohne Zweifel verkürzt (das paulinische Evangelium der Freiheit wird nicht einmal erwähnt), einen Hinweis auf die ungewöhnliche Wirkung und Bedeutung darstellen, die Jesus gerade durch die (bei Fromm ebenfalls nicht hervortretende) Einzigartigkeit seines Auftretens für die Gemeinde gewann. Ferner dürften noch in der späteren christologischen Lehrentwicklung Tendenzen nachweisbar sein, die durchaus die Bezeichnung »humanitär« verdienen und nachhaltiger wirkten, als Fromms Rekonstruktion es zuläßt. Kurz: es ist offensichtlich, daß die historische Basis der Arbeit, die sich im wesentlichen auf A. Harnack, J. Weiß und K. Kautzky als Gewährsleute beschränkt, zu schmal und vielfach überholt ist und daß Fromm seinem Gegenstand häufig im Sinne seiner methodischen Hypothese Gewalt antut. Dennoch begäbe man sich zu schnell der Chancen eines Gesprächs, wenn man sich mit dieser Feststellung begnügen und im übrigen nach Art der beliebten Reflexion auf die unausweichliche Perspektivität jeder Interpretation Fromm sein sozialpsychologisches Interesse belassen, eine Art Burgfrieden anbieten und den überlieferten Glauben als selbständigen Bereich mit

---

zeigt sich gerade darin, daß, was als Befreiung von der Mutter Kirche stürmisch wahrgenommen wurde und ein neues Selbstbewußtsein freisetzte, geradezu als Idealtyp autoritärer Religion bezeichnet werden muß. Insbesondere die religiöse Theorie und Praxis Calvins (aber auch die Luthers) gewinnen ihre ansteckende Kraft aus einer Heilserfahrung, die sich völlig der totalen Unterwerfung unter den übermächtigen Vater-Gott verdankt – einer Heilserfahrung, deren dunkler Hintergrund das vernichtende Gefühl der eigenen Ohnmacht und Sündigkeit ist. Vgl. dazu auch *E. Fromm*, Psychoanalyse und Religion, 47 f.

eigenen Erfahrungen und Auslegungen immunisieren wollte. Denn auch eine solche Position verhielte sich noch zur realen Situation und müßte sich deshalb den ideologiekritischen Anfragen stellen.

Für die von Fromm beobachteten Epochen nun dürfte sich – trotz der erwähnten Einwände – kaum ableugnen lassen: Was immer der Glaube sonst noch sein und beinhalten mochte, er war jedenfalls *auch* – im Sinne der Kritik Fromms – Ideologie. Und selbst wenn man das Argument zulassen wollte, der Glaube als solcher sei nicht die Ursache seines ideologischen Mißbrauchs, so hat er ihn doch nicht genügend gehindert. Wer die hermeneutische Einsicht teilt, daß sich das Wesen des Glaubens nicht situationslos erheben, sondern nur realisieren und darstellen läßt, indem es sich bis zur Ununterscheidbarkeit mit zeitbedingten Vorstellungen und deren praktischen Implikationen verbindet, wird auch bereit sein müssen, ihn als ganzen beurteilen und für einzelne mit ihm verknüpfte Erscheinungen behaften zu lassen. Freud hatte jedenfalls Gründe, als er für sich – obwohl er bezüglich der Wahrheit der Religion sich bewußt eines letzten Urteils enthielt – dennoch eine skeptische Einstellung bezog[61]; und auch bei Fromm ist es die Entscheidung für eine volle Selbstentfaltung des Menschen und den Aufbau einer Welt ohne Gewalt und Entfremdung, um derentwillen er meint, jeglichen Theismus ablehnen zu müssen. Anerkennt man den humanen Wert solcher Optionen und rechnet zudem damit, daß sie heute für viele eine ursprünglichere und dringlichere Evidenz besitzen als die christliche Rede von Gott, dann kann es dem Glauben nicht gleichgültig sein, ob und wie er sich mit ihnen vereinbart.

Damit ist dem christlichen Glauben eine Fülle theoretischer und praktischer Aufgaben gestellt. So besinnt sich z. B. die Theologie inzwischen darauf, daß gerade Jesus ein Gottesverhältnis jenseits der Alternative von kindlicher Gefügigkeit und Sohnesrevolte eröffnet; aber zureichende Kategorien des Denkens, die den offenbar auch Fromm leitenden Gedanken der Konkurrenz zwischen Gottesglauben und menschlicher Selbstbestimmung tatsächlich überwinden, sind weithin noch Desiderat. Der Gedanke, daß Jesus einen Gott nahebringt, der den Menschen in wirkliche Freiheit einsetzt und zu seinen höchsten Möglichkeiten ermutigt, eröffnet eine Art der Frömmigkeit, die sich bisher kaum zu artikulieren verstand. Wenn mit ihm ernst gemacht wird, bedürfen ebenso zahlreiche Theologumena und gängige Redefiguren der Überprüfung wie kirchliche Praktiken der

---

[61] Vgl. *S. Freud*, Die Zukunft einer Illusion, in: Gesammelte Werke XIV (hg. v. *A. Freud* u. a.), Frankfurt ³1963, 323–380, 356.

Kritik. Beispielhaft sei nur die Frage erwähnt, wie kirchliche Verkündigung, Moral und Erziehung mit der natürlichen Angst und den Schuldgefühlen des Menschen umgehen: ob sie diese erst wecken und pflegen, um sie sodann in entmündigender Weise zu fixieren und zu beruhigen, oder ob sie wirklich auf Menschen Wert legen, deren Ich im Glauben stark geworden ist, ihre Situation anzunehmen und zu bearbeiten, und die gelernt haben, personhaft und sachbezogen selbständige Verantwortung zu tragen[62]. Diese und ähnliche von Kritikern wie Fromm aufgegebene Fragen lassen sich hier nicht verfolgen[63], doch ist die Feststellung wichtig, daß es mit ihnen nicht um irgendwelche »Folgen des Glaubens« geht, sondern um die Gestalt seines Vollzugs selber und um die Voraussetzung seiner Mitteilbarkeit. Nur in dem Maße, als die Theologie ihr selbstkritisches Denken an den Methoden und Erkenntnissen ihrer Herausforderer schult und Erscheinungen entgegenarbeitet, die (zumindest *auch*) den Tatbestand einer ideologischen Wirkung erfüllen, wächst ihre Chance, umgekehrt auch den eigenen Beitrag zur humanistischen Option einzubringen und Interesse zu finden für den Gedanken, daß der Mensch nur gewinnen kann, wenn er einen Gott zuläßt, der für den Sinn seines Daseins einsteht und ihn damit ebenso vor den Entartungen und Enttäuschungen absoluter Selbstüberforderung schützt wie aus aller ängstlichen Verkümmerung »herausfordert« und zu seinen schöpferischen Möglichkeiten ermutigt.

---

[62] Wie kirchliche Verkündigung ihre diesbezügliche Aufgabe wahrnehmen könnte, zeigt der Brief des Bischofs von Limburg zur Fastenzeit 1975 »Mut zum Leben. Antwort des Christen auf die Herausforderung der Angst« (Limburg 1975).

[63] Als Beispiele ihrer angemessenen theologischen Bearbeitung seien jedoch erwähnt *J. Scharfenberg*, Religion zwischen Wahn und Wirklichkeit. Gesammelte Beiträge zur Korrelation von Theologie und Psychoanalyse, Hamburg 1972, bes. 172–208; *J. Moltmann*, Der gekreuzigte Gott. Das Kreuz Christi als Grund und Kritik christlicher Theologie, München 1972, 268–292 (»Wege zur psychischen Befreiung des Menschen«).

V. BRUDER JESUS (BEN-CHORIN)

»Wenn wir die Entwicklung des jüdischen Jesus-Bildes in unserem Jahrhundert betrachten«, schreibt der jüdische Schriftsteller *Schalom Ben-Chorin* im Blick auf das Gleichnis vom verlorenen Sohn[64], »so erscheint es uns, als ob der Erzähler dieses Gleichnisses mit dem Helden desselben vereinigt würde. Jesus selbst ist wie der Verlorene Sohn, der nach zweitausendjährigem Irren in der Fremde in das Vaterhaus, sein eigenes jüdisches Volk, zurückkehrt, und Jisrael Sabba, das alte Israel, ruft dem heimkehrenden, so lange verlorenen Sohn zu: ›Denn dieser mein Sohn war tot und ist wieder lebendig geworden; er war verloren und ist gefunden worden‹.«

Die Heimholung Jesu

Das positive Interesse zeitgenössischer Juden an Jesus, das von Ben-Chorin konstatiert und leidenschaftlich geteilt wird, ist nach der langen Geschichte gehässiger Konfrontationen erstaunlich[65]. Volle 1700 Jahre lang, von Rabbi Akiba bis Moses Mendelssohn, hatte das jüdische Mittelalter ja zumindest öffentlich über Jesus geschwiegen, in der frühesten Zeit wohl, um seine Gestalt aus dem Bewußtsein der eigenen Glaubensgenossen zu tilgen und der christlichen Mission standzuhalten, in den späteren Jahrhunderten aus Furcht vor der Inquisition. Wenn Maimonides Jesus einmal als »Wegbereiter für den König Messias« bezeichnet (J 45), dürfte das eine Ausnahme sein. Die wahre Einstellung, die das Judentum dieses langen

---

[64] *S. Ben-Chorin,* Jesus im Judentum (Schriftenreihe für christlich-jüdische Begegnung Bd. 4), Wuppertal 1970, 45. Die Zitation dieser Schrift erfolgt im Text mit dem Sigel J. Die für dieses Kapitel wichtigste Arbeit Ben-Chorins: Bruder Jesus. Der Nazarener in jüdischer Sicht, München 1967, wird nach der Taschenbuchausgabe (München 1972, List-Taschenbuch 394) nur mit Seitenangabe zitiert.

[65] Der folgende Überblick über die Geschichte des jüdischen Jesusbildes orientiert sich an *S. Ben-Chorins* Beitrag: Das Jesus-Bild im modernen Judentum, in: *ders.,* Jesus im Judentum, 7–46. Vgl. ferner *W. P. Eckert,* Jesus und das heutige Judentum, in: *F. J. Schierse* (Hg.), Jesus von Nazareth, 52–72; *P. E. Lapide,* Jesus in Israel, Gladbeck 1970; *H. Küng,* Vom Antisemitismus zur theologischen Begegnung, in: Concilium 10 (1974), 542–546.

Zeitraums gegenüber dem Nazarener empfand, schlug sich vielmehr im Talmud und schließlich (wohl im 12. Jahrhundert) in den abstoßenden Phantasien der »Toledoth Jeschu« nieder, die lange das Volksbewußtsein beherrschten und noch bis in jüngste Zeit bei ostjüdischen Kreisen in der Weihnachtszeit zur Vorlesung kamen. Jedes Urteil über sie sollte allerdings davon ausgehen, daß die Juden wohl kaum eine Möglichkeit hatten, zwischen Jesus und einer Kirche, die in seinem Namen unendliches Leid über sie brachte, genügend zu unterscheiden.

Es ist auch kaum den Kirchen, sondern eher dem Rückgang ihrer politischen und geistigen Macht unter dem Einfluß der Aufklärung zu verdanken, daß sich trotz allem mit Beginn des vorigen Jahrhunderts eine Änderung anbahnte. Die französische Revolution und die Menschenrechtserklärungen brachten den Juden den Status vollwertiger Bürger und mit dem Verschwinden der Ghettos eine wachsende Teilnahme am geistigen Leben. Dabei zwang die kulturelle Assimilation sie zwar zur weitgehenden Reform ihrer eigenen Traditionen, andererseits aber kam das tolerante Aufklärungsklima, wie es in Lessings Problematisierung aller religiösen Absolutheitsansprüche seinen berühmten Niederschlag fand, gerade ihnen zugute. Der Aufschwung der historischen Wissenschaft, zu der ebenso wie zur Philosophie und Philologie die jüdischen Forscher bald Wesentliches beitrugen, veranlaßte sie, insbesondere auch die Geschichte ihres eigenen Volkes zu erschließen. Eine ernsthafte und unbefangenere Beschäftigung mit der Gestalt Jesu aber wurde ihnen erst dadurch ermöglicht, daß die liberale Exegese der christlichen Aufklärungstheologie selber sich von den Dogmen der Kirche absetzte. Lessings folgenreiche Unterscheidung zwischen der »Religion Christi« und der »christlichen Religion« spiegelt sich noch in der Gegenüberstellung der beiden Glaubensweisen »Emuna« und »Pistis«, wie sie viel später Martin Buber vornahm[66].

Als erster jüdischer Historiker ließ Joseph Salvador 1838 in Paris ein zusammenhängendes »Leben Jesu« erscheinen. Seitdem nehmen die jüdischen Wissenschaftler an allen Wegen und Umwegen der Leben-Jesu-Forschung teil. Schon in den Veröffentlichungen des vorigen Jahrhunderts erscheint Jesus als jüdischer Reformator, messianischer Prätendent, als Essener und Rabbi. Alles zu seiner Zeit erreichbare Material vereinigte 1922 das hebräisch geschriebene Jesus-Buch Joseph Klausners[67]; Klausner

---

[66] Vgl. *M. Buber*, Zwei Glaubensweisen, Zürich 1950.

[67] Dt. Ausgabe: *J. Klausner*, Jesus von Nazareth. Seine Zeit, sein Leben und seine Lehre, Berlin 1930.

stellt vor allem die hohe Ethik Jesu und die Kunst seiner Gleichnisrede heraus und betont die national-jüdische Seite in seinem Charakter. Als Robert Eisler dann 1929/30 Jesus in den Zusammenhang der messianischen Unabhängigkeitsbewegung vom Auftreten Johannes des Täufers bis zum Untergang Jakobs des Gerechten einordnete[68], entfachte er heftige Diskussionen, die anläßlich der popularisierenden Wiederauflage der Eislerschen Thesen durch Joel Carmichael 1963 von neuem auflebten[69]. Naturgemäß spielte bei den jüdischen Autoren stets das apologetische Motiv eine erhebliche Rolle. Es durchzieht nicht nur viele wissenschaftliche Werke, sondern auch mehrere Jesus-Romane wie insbesondere den vielgelesenen und heißumstrittenen »Nazarener« von Schalom Asch[70]. 1942 hat Salomon Zeitlin die Argumente zur Frage der Schuld an der Kreuzigung Jesu zusammengetragen; er kommt zu einer weitgehenden Entlastung der Pharisäer und des jüdischen Volkes. Noch mehr versucht Paul Winter, der 1961 die Prozeßproblematik erneut aufrollte, den Römer Pilatus als die treibende Kraft im Vorgehen gegen Jesus herauszustellen und das Verhalten der jüdischen Instanzen verständlich zu machen[71].

Trotz vielfältiger Unterschiede in Methode und Ergebnis ihrer Jesusdarstellungen (und nicht zuletzt auch im Urteil über seine religiöse Bedeutung) stimmen alle jüdischen Autoren überein in dem Willen, Jesus möglichst aus jüdischen Voraussetzungen zu erklären und eine Messianität nicht anzuerkennen. Das schließt ein messianisches Selbstbewußtsein Jesu – wie etwa Hans-Joachim Schoeps und David Flusser darlegen[72] – nicht in jedem Fall aus. Häufig findet sich der Versuch, die Besonderheit Jesu nicht in einer einzelnen Eigenschaft, sondern in einer einzigartigen Kombination mehrerer hervorragender Eigenschaften zu finden und für die einzugestehenden Neuerungen doch traditionell jüdische Grundlagen und Ausgangspunkte namhaft zu machen[73]. Eine differenzierte Untersuchung der

---

[68] *R. Eisler,* Jesous Basileus ou basileusas, Heidelberg 1929 f.

[69] Dt. Ausgabe: *J. Carmichael,* Leben und Tod des Jesus von Nazareth, München 1965.

[70] Dt. Ausgabe: *S. Asch,* Der Nazarener, Konstanz 1957.

[71] *S. Zeitlin,* Who Crucified Jesus?, New York 1942; *P. Winter,* On the Trial of Jesus, Berlin 1961.

[72] Vgl. *H.-J. Schoeps,* Jesus und das jüdische Gesetz, in: Studien zur unbekannten Religions- und Geistesgeschichte, Göttingen 1963, 41–61, 59 f; *D. Flusser,* Jesus, Reinbek b. Hamburg 1968 (Rowohlts Monographien 140), 96–102.

[73] So etwa *S. Sandmel,* A Jewish Understanding of the New Testament, Cincinnati 1956. Vgl. dazu *W. P. Eckert,* Jesus und das heutige Judentum, 58.

vielbeachteten Gesetzesproblematik und der mit ihr verbundenen Vollmachtsfrage hat Schoeps unternommen[74]. Sein Ergebnis, daß Jesus von der Überzeugung bestimmt war, Gottes Wille liege nicht *im*, sondern *hinter* dem Gesetz, trifft sich mit einer Aussage Bubers: »... der Sinai genügt ihm (Jesus) nicht, er will in die Wolke überm Berg, aus der die Stimme schallt, er will dringen in die Urabsicht Gottes, in die Ur-Unbedingtheit des Gesetzes, wie sie war, ehe sie sich in der menschlichen Materie brach, er will das Gesetz ›erfüllen‹, das heißt, er will seine Urfülle aufrufen und wirklich machen«[75]. Von sämtlichen Autoren stellt Buber die alle Kategorien der jüdischen Glaubensgeschichte sprengende Singularität Jesu am höchsten heraus.

Wie angedeutet, gibt es auch über die Bedeutung Jesu für den jüdischen Glauben keine einhellige jüdische Meinung. Doch selbst wenn man nicht außer acht läßt, daß es noch heute fast ausschließlich Angehörige der Reform-Synagoge sind, die Jesus ihre Aufmerksamkeit widmen, fällt ein Resümee, wie es 1967 Pinchas Rosenblüth zog, wohl zu einseitig aus: »Für den Juden, welcher religiösen Richtung er auch angehöre, hat Jesus keine religiöse Bedeutung«[76]. Immerhin hat Franz Rosenzweig schon 1913 offener geurteilt: »Über den Rabbi Jeschua den Nazarener und die Möglichkeit, daß dieser als ›Rabbi‹, nicht als ›Herr‹ – unter uns modernen Juden eine Renaissance erfahren könnte, ließe sich reden«[77]. Es lag allerdings nahe, daß in dem Maße, wie die Gestalt Jesu sich von jüdischen Voraussetzungen aus erschloß, das Interesse an der Heimholung in sein Volk wuchs. So hat der Führer der liberalen jüdischen Theologie, Leo Baeck, bereits gegen Harnack Jesus als Juden in Anspruch genommen: »... all sein Streben und Thun, sein Tragen und Fühlen, sein Sprechen und Schweigen, es trägt den Stempel jüdischer Art, das Gepräge des jüdischen Idealismus, des Besten, was es im Judenthum gab und giebt, aber nur im Judenthum damals gab«[78]. Deutlich spricht auch das Zeugnis der jüdischen Künstler, die Jesus immer wieder als Juden dar-

---

[74] *H.-J. Schoeps*, Jesus und das jüdische Gesetz.

[75] *M. Buber*, Pharisäertum, in: Kampf um Israel. Reden und Schriften (1921–1932), Berlin 1933, 123.

[76] Zitat nach *S. Ben-Chorin*, Jesus im Judentum, 77. Ben-Chorin stellt den Widerspruch dieser Behauptung zu seinen eigenen Auffassungen ausdrücklich heraus.

[77] Zitat nach *W. P. Eckert*, Jesus und das heutige Judentum, 68.

[78] *L. Baeck*, Harnack's Vorlesungen über das Wesen des Christenthums, in: Monatsschrift für Geschichte und Wissenschaft des Judenthums 45 (1901), 118.

stellten und sich mit ihm als dem Symbol ihres Volkes und seines Schicksals identifizierten; vor allem der Jesus-Roman Max Brods[79] und die Kreuzigungsszenen Chagalls sind hier zu nennen. Im heutigen Staat Israel schließlich, »der die Gegenwart an eine ferne Vergangenheit knüpft und dort wieder begann, wo vierzig Jahre nach dem Tode Jesu die Geschichte des jüdischen Volkes in seinem Lande beendet schien« (J 79), mußte jenes Interesse an der Heimholung Jesu sich noch einmal steigern. Die Tatsache, daß in der kurzen Zeit seines Bestehens allein in Jerusalem mehr jüdische Jesus-Bücher erschienen als in achtzehn Jahrhunderten vorher, spricht für sich. Ben-Chorin ist einer der Wegbereiter und engagiertesten Repräsentanten dieser neuesten Entwicklung: Das berühmt gewordene Bekenntnis Bubers zu Jesus als seinem Bruder hat er zum Leitmotiv seiner Darstellung gewählt (11 f).

Ein Zeugnis innerjüdischer Begegnung

Bruder Jesus – das heißt für Ben-Chorin: Jesus als einer der großen Glaubenszeugen in Israel. »Sein bedingungsloser Glaube, das schlechthinnige Vertrauen auf Gott, den Vater, die Bereitschaft, sich ganz unter den Willen Gottes zu demütigen, das ist die Haltung, die uns in Jesus vorgelebt wird« (12). Ben-Chorin bemüht sich zu zeigen, daß »von der ganz im Judentum wurzelnden Gestalt Jesu Impulse der Emuna, des lebendigen (jüdischen) Glaubens ausgehen«, die auch nach innen, im eigenen Volk gewirkt haben und wirken können, »ohne daß damit die Demarkationslinie zwischen Judentum und Christentum überschritten würde« (J 77). Die Entfremdung zu seinem Volk, in die christliches Kerygma und Dogma Jesus gebracht haben (J 78), läßt sich jedoch nur überwinden, wenn man die Übermalungen der christlichen Ikonologie (13) abträgt und die genuin jüdische Sicht (233) auf ihn wieder freilegt. Zwar geht Ben-Chorin nicht soweit wie Baeck, der die Rekonstruktion eines hebräisch-aramäischen Urevangeliums versuchte[80], doch hofft auch er, unter der griechischen Decke der Evangelien eine (mündliche) hebräische Urüberlieferung auffinden zu können (231; J 20). Die Schwierigkeiten eines solchen Verfahrens erläutert er selbst: Auf der einen Seite muß er sich – schon aus Respekt vor einer Überlieferung des Glaubens – unbedingt vor

[79] *M. Brod,* Der Meister, Gütersloh 1952.

[80] *L. Baeck,* Das Evangelium als Urkunde der jüdischen Glaubensgeschichte, Berlin 1938.

so zügelloser Phantasterei hüten, wie ihr Eisler, Carmichael oder Robert Aron[81] erlagen (9 f): nur »was exegetisch möglich scheint« (J 20), darf zur Darstellung kommen. Auf der andern Seite möchte er, wenn schon nicht ein »Leben Jesu«, so doch ein »Bild Jesu« (233) oder wenigstens eine »Skizze« zu ihm gewinnen: für den »wirklichen Jesus«, den er sucht (J 78), kann ihm das zumeist abstrahierende Verfahren historisch-kritischer Forschung jedoch nicht genügen. In dieser Schwierigkeit wählt Ben-Chorin den Weg der – zugestandenermaßen subjektiven – Intuition, die zum einen »aus einer lebenslangen Vertrautheit mit dem Text« und zum andern »aus dem Gefühl einer tiefen Verwandtschaft mit der Gestalt Jesu und der jüdischen Welt, in der er lebte«, erwächst (11). Natürlich bleibt für Ben-Chorin ein solches Gefühl stets an die genaue Kenntnis des Judentums zur Zeit Jesu (13), insbesondere der rabbinischen Traditionen, die später in den Talmud eingingen, gebunden. Freilich ist ebenso offenkundig, daß mit der Wahl dieses ursprünglichen Interpretationsrahmens eine schon fast prinzipielle Vorentscheidung einhergeht, Jesus möglichst »nahtlos in die jüdische Tradition« einzufügen (J 20): »Jede andere Sicht«, behauptet Ben-Chorin, »muß dem Wesen Jesu fremd bleiben« (13), »denn Jesus und seine Jünger waren Juden, Ur- und Nur-Juden« (231).
Die Losung Karl Barths, das Judentum »als natürliche Umgebung Jesu Christi« wiederzuentdecken (J 76), wird inzwischen von vielen Forschern befolgt, und aufgrund seiner Herkunft ist Ben-Chorin sicher einer der kompetentesten unter ihnen. Dennoch läßt sich ein Unbehagen über sein Vorgehen nur schlecht unterdrücken. Wer ernsthaft an den historischen Problemen interessiert ist, muß es bedauern, daß er auf »fachwissenschaftliche« Darlegungen weithin verzichtet (231) und vor allem die Unterscheidung der Quellen und Traditionsschichten viel weniger konsequent durchführt als etwa Flusser. Zu problemlos werden insbesondere das Johannesevangelium und die (häufig nachchristlichen) rabbinischen Traditionen benutzt; gerade in ihrem Fall jedoch kann einer genauen Klärung der Zeit und Abhängigkeiten ihrer Entstehung ausschlaggebende Bedeutung zukommen. Nicht selten bleibt in der Schwebe, ob Ben-Chorin nun das Selbstverständnis Jesu, die Intention der vermuteten Urtradition oder auch nur Möglichkeiten einer jüdisch-gläubigen Aneignung erläutert. In manchen Fällen kann er das historische Interesse als sinnlos relativieren, in anderen wiederum – insbesondere wenn es gilt, die Rückprojektion christlicher Theologumena zu verhindern – legt er auf Unterscheidungen Wert.

---

[81] *R. Aron*, Die verborgenen Jahre Jesu, Frankfurt 1962.

Auf grundsätzlicher Ebene wäre schließlich auch eine Überlegung nicht zu umgehen, ob man die Deutung einer ungewöhnlichen historischen Gestalt überhaupt so ausschließlich auf die Verständnismöglichkeiten der Situation ihres Auftretens verpflichten darf, wie Ben-Chorin – als ein von Jesus faszinierter gläubiger Jude – es tut.

Am gerechtesten und fruchtbarsten dürfte es wohl sein, Ben-Chorins »jüdische Innensicht« (J 79) – wie er selber es wünscht – als »Zeugnis ... der eigenen Existenz, hier einer jüdischen« (233), zu respektieren und die Aspekte, die es auf Jesus eröffnet, in das Gespräch über ihn einzubeziehen. Schon im Vorfeld der grundsätzlichen Fragen wird man dafür mit einer Unzahl detaillierter Beobachtungen und interessanter, bisweilen auch recht eigenwilliger Erläuterungen überrascht. Auch wenn nicht alle von ihnen für den exegetisch bewanderten Leser Neues enthalten und er manche als zweifelhaft ansehen muß, stellen sie doch in der Fülle, in der Ben-Chorin sie beibringt, eine ungewöhnliche Anregung und vielleicht sogar die eigentliche Bereicherung seines Buches dar. Deshalb sollen ohne weitere Diskussion wenigstens einige Beispiele angeführt werden, die seine eigentümliche Auslegungs- und Darstellungsweise veranschaulichen können.

Immer vermittelt Ben-Chorin aus der intimen Kenntnis der Welt des jüdischen Glaubens und Lebens ein plastisches Bild, ob er nun über die Perikopenordnung der Synagoge (55), eine Dorfhochzeit in Israel (84 ff), orientalische Heilpraktiken (59 f) oder die Prozeßordnung des Synhedrions spricht. Theologisch überfrachtete Deutungen macht er durch die nächstliegende Erklärung gegenstandslos (84 f). Gelegentlich unternimmt er Interpunktionskorrekturen an alttestamentlichen Zitaten der Evangelien oder versucht Wortspiele der Urüberlieferung zu rekonstruieren (45, 69). Zahlreich sind die Anspielungen auf zeitgenössische Strömungen, die Ben-Chorin aus Worten und Begebenheiten der Evangelien heraushört und durch zeitgeschichtliche Materialien verdeutlicht: Jesu Abweisung der Versuchung, Steine in Brot zu verwandeln, beinhalte einen Bruch mit der Vorstellungswelt des Täufers, der damit gedroht hatte, Gott könne sich aus den Steinen der Wüste Kinder erwecken (50); in der Seligpreisung der Armen im Geist identifiziere sich Jesus mit den Essenern (70 f), im Gebot der Feindesliebe distanziere er sich von ihnen (79 f); in der Seligpreisung der Sanftmütigen sei eine Mahnung an die Zeloten (71) und in der Ablehnung des Schwörens und der Empfehlung der einfachen Rede eine Absage an den Pilpul, das Streitgespräch der Schriftgelehrten, enthalten (77).

Ohne Scheu vor christlichen Tabus (233) erörtert Ben-Chorin wiederholt Jesu gestörtes, ja geradezu ungebührliches Verhalten zu seinen Eltern, besonders der Mutter, und bringt es mit dem Dunkel um seine Geburt in Verbindung (86 f; 121 f; 223); dabei schließt er eine illegitime Abkunft Jesu, von der die Pandera-Tradition im Talmud berichtet, nicht aus (34). Ebenso unbefangen behandelt er die Frage der Ehelosigkeit Jesu und kommt zu der Ansicht, »daß Jesus von Nazareth, wie jeder Rabbi in Israel, verheiratet war« (129). Auf der andern Seite findet man zahlreiche Stellen, an denen Ben-Chorin kerygmatische Motive der Evangelien bzw. der ihnen zugrundeliegenden hebräischen Urüberlieferung erschließt, obwohl er ihrer Intention als Jude meistens nicht zustimmen kann. Die Erzählung der Vorgänge vom Einzug Jesu in Jerusalem bis zur Kreuzigung kann er geradezu als Midrasch zum Buche Sacharja und zu Psalm 22 bezeichnen (159 ff). Besonders sorgfältig schlüsselt er auf, wie der Bericht der Seder-Nacht-Feier vom Mysterium der Vierzahl bestimmt ist (166 ff). Das Motiv des fünften Bechers – im Volksglauben Becher des Elia genannt, für Jesus der Becher der Qual und des Verderbens – verfolgt er als einen Leitgedanken der ganzen Leidensgeschichte (179 ff; 223).

Und um noch ein paar besonders schöne Einzelergebnisse solcher Betrachtung zu nennen: In der Salbung durch die Sünderin wird Jesus als der neue Abraham, der Vater des neuen Glaubens verkündet, gemäß einem Midrasch über Abraham nämlich dazu bestimmt, wie dieser auf seinen Wanderungen den »Geruch der Heiligkeit« zu verbreiten (124 f). Der Kuß des Judas ist nicht nur für die Häscher, sondern auch für den Todgeweihten Erkennungszeichen, denn nach haggadischer Vorstellung stirbt der Gerechte im Kusse Gottes (188). Durch einen Hahn, der nach dem Text des jüdischen Morgengebetes zwischen Licht und Finsternis unterscheidet, wird der verleugnende Petrus beschämt (189 f). Barabbas, der nach einer schon in den Evangelien verdrängten Überlieferung wohl Jesus Barabbas hieß, wird durch Jesu Verurteilung frei; »Jesus um Jesus« ist analog zum sog. Kappara-Ritus also der Sinn dieser Episode: Barabbas als der erste durch Jesu stellvertretendes Leiden Erlöste (205 ff). Durch den Wechsel des weißen, roten und des eigenen armen Gewandes stellt die Passionsgeschichte Jesus (unter Anspielung auf das Ritual des Versöhnungstages) als wahren Hohenpriester und als königlichen und leidenden Messias heraus (203 f), und mit Purpurmantel und Dornenkrone verkündet sie (entsprechend einem talmudischen Gleichnis) den Erlaß aller Schuld und den Anfang des neuen Äons (211 f) ... Die Aufzählung solcher Beispiele ließe sich beliebig verlängern; doch brechen wir ab, um nun die Grundzüge des Jesusbildes Ben-Chorins ins Auge zu fassen.

»Die Frage der Göttlichkeit Jesu kann für den Historiker und für den Juden nicht bestehen«; ebenso ist die Frage der Messianität für Ben-Chorin auszuklammern, »da sie sich historischer Erkenntnis und jüdischem Glauben entzieht« (14). Die liberale Theologie, auch die jüdische, hat Jesus gern als Propheten bezeichnet, und es spricht einiges dafür, daß auch das jüdische Volk ihn als die Wiederverkörperung einer der großen Prophetengestalten ansah (135). Doch scheidet die Kennzeichnung »Prophet« zumindest in ihrem klassisch-alttestamentlichen Sinn ebenfalls aus, weil bei Jesus die charakteristischen Merkmale des Sehertums und der Legitimationsformeln fehlen (15 f). Für Ben-Chorin scheint Jesus vielmehr auf der Linie der Gesetzeslehrer seiner Zeit, der Tannaiten, zu stehen (16). Offenbar von Kind an – so führt er dies aus – war Jesus mit dem Leben der Synagoge vertraut (54), und da wir von einem Lehrer und Bildungsgang Jesu nichts wissen (18 f), dürfen wir uns ihn »als einen Autodidakten vorstellen, der in seinem Städtchen Nazareth zwar elementare Bibelkenntnisse erwarb, dann aber selbst weiterforschte und zu umwälzenden Erkenntnissen gelangte« (39). Mit der Wahl seiner Schüler aus dem einfachen Volk durchbricht er zwar bewußt den Kastengeist der Schriftgelehrten, doch in den Streitgesprächen mit ihnen tritt er als durchaus ebenbürtiger und anerkannter Diskussionspartner auf (62 f). Vor allem daß Jesus seine Lehre in der Form der Auslegung vorgegebener kanonischer Texte und in Gleichnissen vorträgt, verbindet ihn mit dieser Gruppe. In der humanen Milde seiner Gesetzesinterpretation nähert er sich Hillel, in der Schroffheit seiner Forderungen zuweilen auch wieder Schammai. Ben-Chorin zögert nicht, Jesus diesen beiden als dritte Autorität an die Seite zu stellen, weil sich bei ihm als eigentümliche Tendenz »die Verinnerlichung des Gesetzes« abzeichne, »wobei die Liebe das entscheidende und motorische Element bildet« (17).

Demnach verwundert es nicht, daß Ben-Chorin Jesus der Gruppe der Pharisäer zurechnet. Von den Sadduzäern trennt ihn schon seine Herkunft (24), und seine Lebensweise widerspricht den Essenern, obgleich er das ebionitische Ideal der gottesfürchtigen Armut hochschätzt (25). Auch an den asketischen Praktiken des Johannes, den Ben-Chorin als eine Art »Schaliach« (Gesandten) der Sekte von Qumran vorstellt (47) und dessen Jünger Jesus offenbar war, hält er ebensowenig fest wie an dem »rauheren Klang« seines Bußrufs (49; 52). Völlig phantastisch wäre es schließlich, Jesus zum zelotischen Aktivisten umdeuten zu wollen. Die Tatsache, daß sich unter Jesu Anhängern wohl auch einzelne Vertreter dieser Richtung befanden, reicht für eine solche Vermutung nicht aus (25). Allerdings ist auch Jesu Zuordnung zu den Pharisäern nicht unproblematisch: seine Kritik an ihnen und die vollmächtige Art des eigenen Lehrens scheinen ihr entgegenzustehen. Indessen – erwidert Ben-Chorin – habe das Neue Testament einerseits den gesetzesfrommen Ernst der Pharisäer polemisch verzerrt und andererseits den Anspruch Jesu aus kerygmatischen Gründen gesteigert. Es lasse sich zeigen, daß sich auch die Pharisäer als »bevollmächtigte Träger der Offenbarung« verstanden und in ihren eigenen Reihen Kritik an den Entartungen ihrer Frömmigkeit übten. Eben zu einer solchen »inneren Opposition innerhalb dieser größten Gruppe in dem ihm zeitgenössischen Judentum« habe Jesus gehört (22 f).

»Im Mittelpunkt stehen für das jüdische Jesusbild nicht die mehr legendären Wundertaten Jesu, sondern die Predigt Jesu und seine Gleichnisse« (J 40). Nicht als ob Ben-Chorin die Wunderberichte für gegenstandslos hielte und für ihre rationalistische Auflösung plädierte; Heilungen aus dem Glauben erscheinen ihm möglich, und noch heute kann die Autorität eines Rabbi in seiner exorzistischen Kraft ihre Bestätigung finden (59). Allerdings werfen die Wunderberichte eine andere Schwierigkeit auf: sie rühren erneut an das Vollmachtsproblem, denn Jesus heilt – ohne zu beten. Ben-Chorin versucht diesen Zug zwar sogleich als Niederschlag des unauslöschlichen Eindrucks der Person Jesu zu deuten, an anderer Stelle jedoch läßt er die Verlegenheit stehen: »Das Gefühl der eigenen absoluten Vollmacht, das aus dieser Handlungsweise spricht, bleibt für die jüdische Betrachtung Jesu zutiefst problematisch« (J 41).

Inhalt und Methode der Lehre Jesu treten uns nirgends so komprimiert und deutlich entgegen wie in der Bergpredigt, die wegen ihrer Antithesen so oft als »Kampfansage des Christentums gegen das Judentum« hingestellt wird; deshalb gibt sich Ben-Chorin alle erdenkliche Mühe, gerade sie als ein »Stück jüdischen Lehrguts« zu reklamieren, »das sich organisch in die Tradition des rabbinischen Judentums einfügt« (68). Trotz der kerygmatischen Überlagerung bei Matthäus seien individuelle Züge des Predigers bis hin zum Tonfall vernehmbar, aber eben dies sei der Lehrstil der Tannaiten: pointiert die eigene Meinung zu vertreten, die nichtsdestoweniger jüdische Lehrmeinung bleibe von Anfang bis Ende. Noch die Formel »Ich aber sage euch« stehe in einer legitimen Lehrtradition (83). An den Seligpreisungen und ethischen Weisungen könne man allerdings Jesu Stellung gegenüber dem Gesetz und den zeitgenössischen Gruppen ablesen, doch ließen sich für jede von ihnen Parallelen aus den Propheten, den

Psalmen und der rabbinischen Überlieferung beibringen. Die Wohltätigkeit z. B. werde im rabbinischen Schrifttum ganz im Sinne der Bergpredigt behandelt, auch dort wiege sie alle Gebote und Opfer auf und widerspreche der Gesinnung der Heuchler (81). Ebenso hätten schon die Schriftgelehrten das Vergeltungsrecht der Thora in einem humanen Sinne interpretiert; wenn Jesus ihre Mahnung zur Friedensbereitschaft in einer Weise verschärfe, daß sie menschliches Maß wohl übersteige, so sei dies im Licht seiner eschatologischen Naherwartung zu sehen (77 f). Was schließlich die oft zitierte Feindesliebe angehe, so werde allerdings erst mit ihr die Vollkommenheit, die Jesus verlange (Mt 5, 48), erreicht; da die Forderung, den Feind zu hassen, jedoch nur von der Sekte aus Qumran bekannt sei, liege hier vor allem eine Abgrenzung gegen sie vor; die Nachahmung Gottes aber gehöre auch zum Lehrgut der Synagoge und sei das nie erreichte Ideal des Judentums geblieben (79 f). Bultmann sei also zuzustimmen, »wenn er sagt, daß es tatsächlich gar keine neuen ›ethischen‹ Forderungen Jesu gibt« (81). Freilich könne man in allen eine Radikalisierung und gewisse Verinnerlichung des Gesetzes feststellen, aber damit habe Jesus nicht – wie Bultmann nun fälschlich annehme – die formale Autorität der Schrift gründlich erschüttert und der Forderung des Gesetzes die Forderung Gottes entgegengestellt, sondern nur gegenüber »der kasuistischen Verflachung des Gesetzes durch gewisse Schulen der Pharisäer die Urabsicht des Gesetzes« erneuert (74; 76). Im übrigen – schließt Ben-Chorin – könne keine Rede davon sein, daß durch »die Einfügung der Bergpredigt in das Lehrgut des Judentums . . . eine Entwertung angestrebt würde«, vielmehr werde sie in jüdischen Augen durch solche Nähe an Gültigkeit nur gewinnen. Auch ihrer Einmaligkeit geschehe kein Abtrag: »Was im Talmud und Midrasch verstreut vorliegt, ist . . . in den Worten Jesu wie in erratischen Blöcken zusammengeballt« (82 f). Zwar nicht als Messias oder Prophet, wohl aber als »Revolutionär des Herzens in Israel« tritt uns Jesus entgegen (J 20). Dadurch gewinnen seine Worte eine über ihre Situation hinausreichende »ewige Kraft« (83).

»Ganz Geist vom Geiste des Judentums und edelster Ausdruck der hebräischen Emuna« ist Jesus als Beter (J 41). Die Herkunft aller einzelnen Elemente des Vaterunsers aus der Welt der jüdischen Frömmigkeit wurde oft nachgewiesen. Seine Gottesanrede und pluralische Form, die Haltung der Kindschaft und der Hoffnung für unsere Erde entsprechen jüdischer Glaubenseinstellung. Obwohl es also ganz den Geist seiner Zeit atmet, stellt dieses Gebet – meint Ben-Chorin – in seiner Geschlossenheit dennoch einen zeitlosen Höhepunkt dar, ein Modell dafür, »wie man in der Schlichtheit des Herzens beten« und »immer in der Erwartung leben« soll (119). Dem entspricht, was Ben-Chorin als auffallende Eigentümlichkeit des Vaterunsers bemerkt: daß nämlich trotz seiner Übereinstimmung mit anderen jüdischen Gebeten jeder nationale Zug in ihm fehlt (118).

»Durch ihre besondere Prägnanz« zeichnen sich vor allem Jesu Gleichnisse aus; »in ihrer paradoxen Dialektik« stellen sie einen Höhepunkt ihrer Literaturgattung dar, und so ist es kein Zufall, daß einige von ihnen »in die menschliche Substanz eingehen konnten« (96; J 40). Wiederum fällt an Ben-Chorins Auslegung ein Doppeltes auf: Auf der *einen* Seite bemüht er sich, die Gleichnisse inhaltlich wie formgeschichtlich unmittelbar in die Nähe der Haggada, der Meschalim der zeitgenössischen, insbesondere palästinensischen Tannaiten zu rücken (93 f). So glaubt er z. B., in ihnen die thematische Einteilung der rabbinischen Hermeneutik erkennen zu können: sie handeln vom Reich Gottes und dem Gericht, von den Pflichten gegenüber Gott und vom Verhalten zum Mitmenschen (96). Für verfehlt hält er es ferner, die Unterschiede von Juden und Heiden, Synagoge und Ekklesia in Gleichnisse wie das vom Weinberg oder vom verlorenen Sohn hineinzulesen (97; 101). Und schließlich ist es bezeichnend, wie er immer wieder auf das Thema der Theschuba (Umkehr) zu sprechen kommt und es ablehnt, die Erkenntnis der frei waltenden Gnade Gottes erst Jesus vorzubehalten: sie sei bereits im Alten Testament angelegt, und nach einem Wort der Rabbinen stünden dem Sünder die Tore der Umkehr allezeit offen (52; 100; 123). Auf der *andern* Seite zeigt seine Auslegung, namentlich bei der Erzählung vom barmherzigen Samariter, die Tendenz, den zutiefst menschlichen Zug der Ethik Jesu hervorzuheben, durch den ihr »ewige Gültigkeit im menschlichen Bereich jeder Zeit und Kultur« zuwächst (109), und in demselben Zusammenhang rekapituliert er, wie sich die ursprünglich starr nationale Haltung Jesu aufgelockert hat »ins schlechthin Humane« (105; 126 f). Doch wird hier nur ausgesprochen, was Ben-Chorins gesamte Darstellung als verborgener Faden durchzieht: zum einen wird Jesus ins Judentum heimgeholt und sogar zum Gleichnis seines Volkes stilisiert (28; 230), zugleich wird umgekehrt die jüdische Tradition – im Blick auf die Menschlichkeit Jesu – in ihrer humanistischen Weite erschlossen und die jüdische Existenz als Gleichnis des Menschen betrachtet. Wohl deshalb vermag Ben-Chorin Jesus seinen »ewigen Bruder« zu nennen, denn »jüdischer Bruder« und »Menschenbruder« fallen ihm in diesem Namen in eins (12).

»Das jüdische Jesusbild kennt ... weder Weihnachten, die Krippe und den Stern von Bethlehem, noch Ostern, das offene Grab und den Auferstandenen« (J 43). Es nimmt seinen Ausgangspunkt bei der Jordantaufe Jesu und endet mit seinem Begräbnis. Für die vorangehende Lebenszeit Jesu begnügt sich Ben-Chorin damit, erläuternd das reiche Legendenmaterial zusammenzutragen, das in die Kindheits- und Jugendgeschichten der Evangelien einging (34 ff); an der späteren »Geschichte Christi«, dem »Geheimnis der christlichen Seele«, hat er nicht teil (228). Für die Zeit der öffentlichen Wirksamkeit jedoch glaubt er – sich gegen Käsemanns Skepsis in dieser Frage auf Albert Schweitzer berufend – eine innere Entwicklung Jesu aufgrund der Immanenz seiner Persönlichkeit und der Situation seines Wirkens rekonstruieren und drei Stadien unterscheiden zu können. Er stellt sie unter die Titel: Eschatologie, Introversion und Passion (26).

In der Taufe am Jordan, die als Akt der Wiedergeburt zu verstehen sein dürfte, ist Jesus zu seinem eigenen Sendungsbewußtsein erwacht (33). Zunächst wohl ein Jünger des Johannes, löst er sich jedoch während seines Aufenthaltes in der Wüste, »einer Zeit der Meditation und Selbstversenkung«, innerlich von seinem Meister und übernimmt nach dessen Gefangennahme die Führung der Kreise, die durch Johannes in eine eschatologische Aufbruchsstimmung versetzt worden waren (49 ff). Seine Predigt der Umkehr und der Basileia, mit der er in seiner Heimat Galiläa auftritt, hat einen unüberhörbar anderen Klang als die des Täufers (52), aber wie dieser rechnet Jesus damit, daß der Anbruch des Reiches Gottes unmittelbar bevorsteht (64). Aus der Kraft seiner Wiedergeburt vermag er Kranke zu heilen, und – durch solche Zeichen legitimiert – geht er daran, seine Jünger zu wählen. Mit ihrer Sendung beginnt die planmäßige Ausbreitung der Verkündigung Jesu (67).

Indessen: die Jünger kehren zurück, ohne daß die Ankunft des Menschensohnes (Mt 10, 23) erfolgt wäre. »Jesus muß also seine Botschaft einer Revision unterziehen ... Was zunächst als Ereignis der Geschichte erwartet wurde, der Anbruch eines neuen Äons, wird nun als bereits vollzogenes seelisches Faktum gedeutet: ›Das Reich Gottes ist inwendig in euch‹ (Lk 17, 21)« (26). Doch sogleich weist Ben-Chorin mit einem sehr jüdischen Argument darauf hin, daß es auch bei dieser Phase der Verinnerlichung nicht bleiben konnte: die äußere Drangsal nämlich war auch durch eine bereits im Jüngerkreis etablierte Gemeinde keineswegs überwunden (26).

So kommt Jesu Entschluß, nach Jerusalem zu ziehen und im nationalen und geistigen Zentrum seine Botschaft zu verkünden, die Bedeutung eines Wendepunktes zu. Denn von seinen Anhängern, die ihn vielleicht dazu drängten, und vermutlich auch von ihm selbst mußte ein solcher Schritt als entscheidende Bewährungsprobe aufgefaßt werden (141). Zwar beabsichtigte Jesus selbst zunächst wohl nicht mehr als die dem Juden gebotene Wallfahrt, seine Anhänger aber gestalteten seine Ankunft in der heiligen Stadt zu einem Siegeszug aus (154). Schon dies mußte natürlich die Behörden aufmerksam machen. Eine Tempelbesetzung allerdings schließt Ben-Chorin aus, und auch die Tempelreinigung verweist er »in den Bereich der Erfüllungssagen« (148). Klar scheint ihm indessen, daß Jesus mit der Kritik am veräußerlichten Gottesdienst im Tempel ein gewisses Aufsehen erregte und daß besonders die Zinsgroschenepisode für ihn verhängnisvoll wurde (149 ff); denn obwohl Jesu Antwort auf die Fangfrage darauf hinauslief, angesichts der eschatologischen Entscheidungssituation die ganze Angelegenheit als geringfügig beiseitezuschieben, ließ sie sich später als staatsfeindliche Aussage verwenden. Das Unheil begann sich also zusammenzuziehen, und als klarblickender Mann mußte Jesus mit seinem Opfergang rechnen (154).
Die Ahnung des Todes wird ihm in der Seder-Nacht zur Gewißheit (155 ff). Daß es ein Passahmahl war, das Jesus mit seinen Jüngern hielt, steht für Ben-Chorin außer Frage, auch wenn es gemäß dem Qumran-Kalender einen Tag früher als im offiziellen Jerusalem, sonst aber ganz dem Stile der Zeit gemäß stattfand. In klarer Erkenntnis der ausweglosen Situation wird sich Jesus nun seiner tragischen Sendung als leidender Gottesknecht voll bewußt, und obwohl er sich »vermutlich nicht selbst für den Messias gehalten hat«, fühlt er sich doch zum Opfergang bestimmt und gibt so dem bevorstehenden Tod einen für Israel stellvertretenden Sinn (157 f). Darauf weist die Umdeutung der Riten hin, die Jesus vornimmt, nicht um die Feier der Passahnacht zu verdrängen, sondern nur, um »diesem Mahl der Erinnerung an den Auszug aus Ägypten die Erinnerung an die eigene Opfertat hinzuzufügen« (172). So symbolisiert die Mazza seinen zerbrochenen Leib, und den Becher des Zorns deutet er als Becher des vergossenen Blutes zur Sühne für Israels Sünden; das Eintauchen des Symbolgerichts schließlich wird zum Erkennungszeichen für den Verräter (170). In diesem Judas sieht Ben-Chorin die tragischste Gestalt des Neuen Testaments, denn aus politischem oder eschatologischem Aktivismus nimmt er das Skandalon des Verrates auf sich, um den Meister zur Vollendung zu drängen (172; 177).

Den inneren Kampf Jesu in der Gethsemane-Stunde gestaltet Ben-Chorin zum Zeugnis des äußersten Glaubens, der von einem Menschen verlangt werden kann (179 ff). In dieser »Nacht der Behütung«, in der er an der Freude ganz Israels teilnehmen möchte, muß Jesus die dämonische Nachtseite Gottes erfahren, ohne daß er verschont würde wie Jakob, Mose oder die Kinder Israels in Ägypten. Unter starkem Geschrei und Tränen lernt er Gehorsam, wie Ben-Chorin mit dem Hebräerbrief sagt. Zugleich wird deutlicher, was Ben-Chorin unter Stellvertretung versteht: »Er (Jesus) ist Israel in dieser Stunde, das immer wieder von dem erwählenden und rettenden Gott in die Passion hineingeführt wird, das leiden muß, um diese verfallene Welt zu retten. ›Fasse es, wer es fassen kann‹« (185).
Die eschatologischen Ereignisse treten nicht ein, die Jünger fliehen, Jesus wird ohne großes Aufsehen verhaftet und findet, weil das anbrechende Fest drängt, nach einem eiligen Prozeß seinen Tod. Ein Aufschub mußte der Clique um Kaiphas wegen der zahlreichen Anhänger Jesu gefährlich erscheinen – für Ben-Chorin ein Beweis mehr, daß von einer einmütigen Haltung der Juden und erst recht von einer Kollektivschuld im Sinne der verhängnisvollen angeblichen Selbstverfluchung keine Rede sein kann (208 ff). Selbst die besorgten, aber weniger entschlossenen Pharisäer werden erst am Morgen hinzugezogen. Ben-Chorin widerspricht J. Blinzler, der die Hauptverantwortung für die Verurteilung Jesu der jüdischen Seite auflädt[82], weil sie die Schuldfrage entscheide; doch geht er auch nicht so weit wie Winter, der die Juden fast völlig entlastet[83]; ebenso stimmt er E. Stauffer nicht zu, der den Prozeß durch das Gesetzesverhalten Jesu provoziert sieht und ihn unter jüdischen Voraussetzungen für gerechtfertigt hält[84]. Vielmehr findet er in Jo 11, 50 den entscheidenden Hinweis auf eine *politische* Motivation der jüdischen Führer: der Kreis um Kaiphas, der die Grausamkeit des Prokurators nur zu gut kannte, mußte alles daran setzen, einen Unruhestifter wie Jesus, dem das Volk zulief, darunter auch politische Aktivisten vom Schlage des Judas, unschädlich zu machen (194). Und obwohl es – meint Ben-Chorin – durchaus zuweilen vorkam, daß die Juden selber Todesurteile vollzogen, beabsichtigen sie in diesem Falle eine Auslieferung, um Pilatus jeden Vorwand zum Einschreiten gegen den Tempel und die Bevölkerung Jerusalems zu nehmen (200). Diese Auslie-

---

[82] Vgl. *J. Blinzler*, Der Prozeß Jesu, Regensburg ²1955, 208 f.

[83] Vgl. Anm. 71.

[84] Vgl. *E. Stauffer*, Jesus. Gestalt und Geschichte, Bern 1957 (Dalp-Taschenbücher 332), 63–65.

ferung soll im Vorprozeß zwar auch religionsgesetzlich gerechtfertigt werden, und insbesondere für die in Tempelfragen allergischen Sadduzäer spielt der Anklagepunkt der Tempelschändung deshalb eine erhebliche Rolle. Das Hauptgewicht kommt jedoch der Messianitätsfrage zu, wobei Ben-Chorin Wert darauf legt, daß die Formulierung »Bist du der Messias, der Sohn Gottes« im Sinne von Psalm 2, 7 vor allem die Frage nach dem Königtum impliziert (197). Jesus antwortet hier wie vor Pilatus ausweichend: »Du sagst es«. Während seiner Lehrtätigkeit hat er sich »nicht als Messias proklamiert ... Jetzt aber hält er es für unter seiner Würde, sich vor seinen geschworenen Feinden damit zu verteidigen« (200). Als »König der Juden« wird er deshalb auch von Pilatus verurteilt. Obwohl dieser also der Hauptverantwortliche ist, versuchen ihn die Evangelien zu entlasten und einen Antagonismus zwischen Jesus und seinem Volk zu konstruieren, dem er doch – betont Ben-Chorin – religiös um vieles näher steht als einem Pilatus, der schon jede Frage nach Wahrheit ironisch abtut. Umgekehrt gehören in der imperialistischen Perspektive des Römers Angeklagter und Ankläger durchaus zusammen; ihre internen Konflikte interessieren ihn nicht, und auf einen Juden mehr oder weniger kommt es ihm nicht sonderlich an. »Rom hat«, erinnert Ben-Chorin, »so viele Juden ans Kreuz geschlagen, daß der Holzbestand des Landes Israel nicht ausreichte« (213).

Ben-Chorin hält es für möglich, daß Jesus fast bis zuletzt auf ein Wunder gewartet hat, das dann nicht eintraf (224). Die Tatsache aber, daß er in seiner Sterbestunde nicht das jüdische Glaubensbekenntnis spricht, und vor allem seinen Ruf der Gottverlassenheit und den lauten Todesschrei wertet er als Hinweis, daß Jesu Glaube schließlich zusammenbricht und er in grauenvoller Hoffnungslosigkeit stirbt (222 ff). »Der Gemarterte gibt seinen Geist auf in dem furchtbaren Gefühl, auch in der dritten und letzten Station seines Dornenweges zum Reiche Gottes von Gott verlassen worden zu sein« (27). Dies tragische Ende Jesu – meint Ben-Chorin – tue jedoch gerade nach jüdischem Geschichtsverständnis seiner Größe keinen Abbruch. Die chassidische Tradition habe auch den Irrtum des Märtyrer-Rabbi Akiba, der Bar-Kochba als den Messias ausrief, mit der Begründung erklärt, daß aus Liebe zu Israel Gott zuweilen die Augen der Weisen verblende (J 45). »Auch Jesus von Nazareth«, schließt Ben-Chorin, »ist ein tragisch Irrender, dessen Augen aus Liebe zu Israel verblendet wurden« (27). Im Scheitern, in welches das Wagnis des Glaubens und die Ungeduld der Liebe hineinführen können, vollendet sich die Gestalt des exemplarischen Juden und Menschen: »Das jüdische Jesusbild ist das menschlichallzumenschliche Bildnis eines tragischen Genies; eines zutiefst jüdischen Menschen« (J 43). Gerade als dieser Leidende konnte Jesus in seinem Volke fortleben und so überindividuelle und in diesem Sinn stellvertretende Bedeutung gewinnen: als »Gleichnis« für das ganze blutig gegeißelte, am Kreuz des Judenhasses verhöhnte jüdische Volk (28; 230).

Der fragende Jesus

Karl Barth hat einmal vermutet, daß der Jude eigentlich täglich das Urteil des Synhedrions gegen Jesus bestätigen müsse, um Jude zu bleiben. Es leuchtet ein, daß die Christozentrik einer solchen Sichtweise für Ben-Chorin unvollziehbar sein muß (J 65). Grundsätzliche Bedeutung kann die Jesusfrage für den jüdischen Glauben ja überhaupt nur insofern gewinnen, als sie die für jüdische Existenz noch grundlegendere – und seit der Neugründung des Staates Israel wieder besonders brennende – Frage nach dem heilsgeschichtlichen Selbstverständnis des jüdischen Volkes berührt; das aber geschieht nur von außen, eben durch den Anspruch der Kirche, als das »neue Israel« die Legitimität des Alten Bundes post Christum natum in Frage stellen zu können. Vom Juden selber dagegen verlangen die Identität und Kontinuität seines Glaubens keineswegs eine Verurteilung Jesu, sondern nur die klare Abgrenzung vom Bekenntnis der Kirche: »Der Glaube Jesu einigt uns ... aber der Glaube an Jesus trennt uns« (12). Die Gründe für diese Unterscheidung schöpft Ben-Chorin aus den Grundüberzeugungen des jüdischen Glaubens. Jesus – so sagt er – ist nicht der Messias, weil die Welt noch unerlöst ist: »Wir erwarten das Künftige und nicht die Wiederkunft des Gekommenen, wir erwarten die vollkommene Erlösung ... und kennen keine Enklaven der Erlösung inmitten einer unerlösten Welt« (J 67). Jesus ist nicht der menschgewordene Sohn Gottes und gottmenschliche Mittler, weil der eine Gott über seiner Welt steht und nur gestaltlos sich offenbart und alle Mittler, die das Judentum kennt, Menschen wie wir sind (J 69 f). Er ist auch nicht der Eine, der das Gesetz für die andern erfüllt hat, denn das Gesetz ist ganz Israel gegeben, damit wir es selber erfüllen (J 70 f); den reuigen Sünder jedoch nimmt Gott auch ohne Vermittlung jederzeit an (J 69). Vor allem in seinem stellvertretenden Sühneleiden steht Jesus nicht als einziger da: »Jede Singularität erschiene uns hier als ein Verrat an den andern. Es gibt für uns nicht nur *einen* Knecht Gottes, sondern viele – all die Unschuldigen, die ... zur Heiligung des göttlichen Namens in den Tod gingen«; und nicht nur die Juden gehören zu ihnen, sondern auch die Märtyrer der

Humanität und Gerechtigkeit und die unbeugsamen Wahrheitssucher aller Zeiten und Völker (J 71 f).

Natürlich sieht Ben-Chorin klar, daß seine Gründe gegen den christlichen Glauben noch nichts über die Tatsache des Selbstverständnisses Jesu entscheiden (14 f). Es könnte ja sein, daß sich Jesus nicht nur in der Erwartung des Reiches, sondern auch im eigenen Anspruch geirrt hätte. Indessen fehlt es an Selbstaussagen Jesu, die eine solche Behauptung verlangten. Die Erörterungen, die Ben-Chorin darüber anstellt, führen ihn vielmehr dazu, Jesus noch einmal ganz an die Seite des Menschen zu stellen, »der, tief in das Abenteuer des Glaubens verstrickt, die Frage nach seiner eigenen Existenz und ihrem Geheimnis stellt« (132). Den Hinweis Albert Schweitzers, daß Jesus sich im Schatten des Gottesknechtes seelisch entwickelt (J 43), kann Ben-Chorin ohne Bedenken in die eigene Darstellung der Passion übernehmen (181), zumal er es vermeidet, jeden messianischen oder auch nur exklusiven Sinn mit dieser Vorstellung zu verbinden (158). Auch die Selbstbezeichnung Jesu als Menschensohn hält er für möglich, scheidet dabei jedoch sowohl den eschatologischen Inhalt dieses Titels bei Daniel (Bar-Enosch) als auch den prophetischen bei Ezechiel (Ben-Adam) aus; im Umkreis der Leidensankündigungen und des Wortes »von der Unbehaustheit des Menschen« (Mt 8, 20) komme nur die dritte der möglichen Bedeutungen, nämlich »jedermann, irgendwer«, »Mensch schlechthin« im Sinne der Vulgärform Barnasch in Frage (133 f). Als dieser »in seiner Geringfügigkeit exemplarische Mensch« stehe uns Jesus am nächsten. Und als solcher Mensch vor dem Dunkel seiner Bestimmung stelle er auch die Frage, die sich im Dialog von Caesarea Philippi spiegele. Daß Jesus dabei auf eine Messiasproklamation des Petrus eingegangen sein könnte, hält Ben-Chorin für ebenso unmöglich wie das »Schlüsselwort« Jesu an Petrus, das allerdings eine Bestätigung des Petrusbekenntnisses einschließen würde (137). So stimmt Ben-Chorins Darstellung der Szene mit seinen zahlreichen Erklärungen überein, in denen er eine messianische Selbstauffassung Jesu ausdrücklich ausschließt (15; 133; 158). Gleichwohl spricht er von der bestürzenden Erfahrung Jesu, daß eine Kraft von ihm ausgeht, die nicht aus ihm selbst ist (136), von seiner berechtigten Furcht, die Jünger könnten ihn als gekommenen Messias proklamieren (139), ja sogar von einem zeitweiligen Bewußtwerden einer messianischen Sendung (15). Doch treten auch diese Hinweise zugunsten einer Deutung zurück, die Jesus als Beispiel des Menschen hinstellt, der nach dem Sinn seiner Existenz sucht. Es ist die »Frage des Menschen schlechthin, die hier gestellt wird« (132): »Der fragende Jesus ist unser Bruder« (139).

Zeuge des schlechthinnigen Glaubens und Lehrer der Erneuerung des Herzens; hoffender, fragender und schließlich scheiternder und sich opfernder Mensch; in all dem zutiefst Jude und Mensch, Gleichnis seines Volkes und Bild wahrhaft menschlichen Daseins – dies ist das Jesuszeugnis, das Ben-Chorin ablegt, ein Zeugnis freilich, von dem er wohl weiß, daß es nur für ihn selbst und keineswegs für das ganze Judentum spricht (233). Daß es mitbeeinflußt wurde durch den Kulturraum, in dem Ben-Chorin aufwuchs, durch die Gedanken einer humanistischen und existenzialistischen Philosophie und namentlich auch die Freundschaft mit gläubigen Christen (J 74), wird man ebenso in Rechnung stellen dürfen wie die besondere Prägung, die Ben-Chorin seiner Darstellung als Vertreter des Reformjudentums gibt, das am stärksten unter allen Richtungen der jüdischen Glaubensgemeinschaft die ethischen, humanistischen und universalen Motive der eigenen Tradition zu verlebendigen sucht. Nur sollte ein Außenstehender aus solchen Beobachtungen nicht die Berechtigung ableiten, die Stimme Ben-Chorins zu isolieren oder seine Identität als gläubiger Jude, auf die er so leidenschaftlichen Wert legt, auch nur im geringsten in Zweifel zu ziehen. »Es ist bedeutend, was Jesus über den Sinn der jüdischen Religion gedacht hat«, bemerkt z. B. auch Flusser und fügt hinzu: »Für den Christen wird es paradox scheinen, daß der Jude von Jesus lernen kann, wie er beten soll, was der richtige Sinn des Sabbats ist, wie man fasten soll, wie man den Nächsten lieben soll, was die Bedeutung des Königreichs des Himmels und des Jüngsten Gerichts ist«[85]. Kein Zweifel: es mehren sich die Stimmen, welche die Bedeutung Jesu für den jüdischen Glauben erkennen, und es gibt keinen Grund für die Christen, sich darüber nicht vorbehaltlos zu freuen.

Darüber hinaus aber sollten sie dem Vorgang äußerste Aufmerksamkeit schenken, denn – wenn nicht alles trügt – zeichnet sich die Chance ab, daß mit ihm der jüdisch-christliche Dialog in ein neues, nämlich grundsätzlicheres, freilich auch kritischeres Stadium eintritt. Die Rückbesinnung der christlichen Theologie auf ihre alttestamentlich-jüdischen Wurzeln, die seit einem halben Jahrhundert – wenn auch in vielen Fällen zunächst durch andere gesellschaftliche und geistige Strömungen veranlaßt – in Gang ist, kommt dieser Entwicklung entgegen. Die »größere geschichtliche Dynamik, die ganzheitliche Ausrichtung, die gläubige Welt-, Leib- und

[85] *D. Flusser*, Inwiefern kann Jesus für Juden eine Frage sein?, in: Concilium 10 (1974), 596–599, 598.

Lebensfreundlichkeit, der Hunger und Durst nach Gerechtigkeit, die Ausrichtung auf das kommende Gottesreich«[86] – all diese Impulse, die der Theologie nach einer langen Zeit neuscholastischer Erstarrung und bürgerlicher Verflachung zu neuem Leben verhalfen, verdankt sie nicht zuletzt ihrer Neuorientierung an der Eigentümlichkeit des hebräischen Denkens und Glaubens. Freilich führten die Ergebnisse der exegetischen Forschung nicht nur zur Wiederentdeckung der reichen und eigenständigen alttestamentlichen und jüdischen Vorstellungswelt, sondern zwangen zugleich immer stärker dazu, auch die Einbettung der Verkündigung Jesu in sie zur Kenntnis zu nehmen. Daß Theologen wie Rahner, Balthasar und Ebeling – wenn auch noch in mehr grundsätzlicher Weise – erneut die Frage des menschlichen Bewußtseins Jesu zu erörtern und Jesus selbst als Glaubenden darzustellen begannen[87], darf man wohl auch der Herausforderung zuschreiben, die diese Entdeckungen für die Dogmatik darstellen mußten. Ihr volles theologisches Gewicht erhielten sie aber erst, als die systematische Christologie – über die allgemeine anthropologische Neuorientierung hinaus – die Relevanz der historischen Fragen für ihren eigenen Inhalt und Begründungszusammenhang reflektierte. Wenn heute weitgehend anerkannt ist, daß der christliche Glaube, so sehr er auch im Zeugnis der Auferstehung wurzelt, dennoch zurückverwiesen bleibt an den irdischen Jesus, wenn die Christologie deshalb ihren Ausgang vom Bekenntnis der Kirche durch die Perspektive »von unten« ergänzt und es als ihre Aufgabe betrachtet, ihren Anhalt an der Verkündigung, dem Verhalten und Geschick Jesu zu explizieren[88], und wenn nun andererseits jüdische Theologen nach demselben Jesus zu fragen beginnen, nicht nur beiläufig oder zur Bestätigung des schon immer Gewußten, sondern mit der offenkundigen Bereitschaft, von ihm »über den Sinn der jüdischen Religion« sich belehren zu lassen – dann liegt darin trotz der Unterschiedlichkeit der Ausgangspunkte eine bemerkenswerte Konvergenz der Interessen und der Aufgabenstellung. Denn dann sind beide Seiten verpflichtet, auf den »wirklichen« Jesus zu hören. Mag auch die eine Seite

[86] *H. Küng*, Vom Antisemitismus zur theologischen Begegnung, 544.

[87] Vgl. *K. Rahner*, Probleme der Christologie von heute; *ders.*, Dogmatische Erwägungen über das Wissen und Selbstbewußtsein Christi, in: Schriften zur Theologie V, Einsiedeln 1962, 222–245; *H. U. von Balthasar*, Fides Christi, in: *ders.*, Sponsa Verbi. Skizzen zur Theologie II, Einsiedeln 1961, 45–79; *G. Ebeling*, Jesus und Glaube, in: *ders.*, Wort und Glaube, Tübingen [3]1967, 203–254.

[88] Zur Begründung dieses Programms vgl. *W. Pannenberg*, Grundzüge der Christologie, 7–31; *W. Kasper*, Jesus der Christus, 13–44. Beide Werke dürfen zugleich als repräsentative Beispiele seiner Durchführung gelten.

ihre Aufmerksamkeit dabei mehr auf Jesu Verbindung zum Judentum, die andere dagegen auf seine eigentümliche Besonderheit richten – in einem Gespräch kann das nur anregend wirken. Die »menschliche Betrachtungsweise« Jesu wird auch von zahlreichen christlichen Theologen inzwischen so selbstverständlich gepflegt, daß zuweilen schon der Vorwurf eines neuen Judaismus laut wird. In der Tat führt die Frage, ob und wie der »Glaube Jesu« bzw. der »Glaube mit Jesus« und der »Glaube an Jesus« zusammengehören und sich gegenseitig begründen, nicht nur an den neuralgischen Punkt der jüdisch-christlichen, sondern ins Zentrum der christologischen Diskussion überhaupt.
In dieser Situation gewinnt die historische Fragestellung besondere Brisanz. Für das Gespräch mit den Juden scheint ihre Bedeutung noch größer zu sein als für die Begegnung mit anderen Strömungen, die Jesus unbekümmerter um die historische Sachlage als Beispiel für ihre jeweilige Idee von einem sinnvollen Menschsein in Anspruch nehmen. Gerade weil Ben-Chorin historisch zu argumentieren versucht, fielen die obigen Bemerkungen zu seiner Methode relativ kritisch und ausführlich aus. Unter inhaltlichem Gesichtspunkt sind sie nun freilich noch zu ergänzen. So muß es z. B. enttäuschen, daß Ben-Chorin den Osterglauben der ersten Jünger, den auch er als erreichbares Datum der Geschichte ansieht, keiner genaueren Analyse für wert hält (228 f) und daß er die Vollmachtsfrage, obwohl er auf sie in verschiedenem Zusammenhang stößt, sehr schnell erledigt und nicht weiter verfolgt. Verschiedene in der Exegese stark beachtete Schlüsselstellen wie z. B. Mk 2, 6 f (Lk 5, 21); Mt 11, 5 f (Lk 7, 22 f); Lk 10, 24; Lk 11, 20 (Mt 12, 28) und Lk 12, 8 f (Mk 8, 38) werden nicht einmal erwähnt. Daß ferner auch jüdische Forscher in der Beurteilung von Jesu Gesetzesverhalten und Sendungsbewußtsein zu weiterreichenden Ergebnissen kommen, wurde schon einleitend bemerkt. Doch geht es mit derartigen Bedenken nicht etwa darum, die Frage des Anspruches Jesu als isoliertes Problem zu fixieren, sondern vielmehr seiner Botschaft und der in ihr eröffneten Sinnperspektive unverkürzt ansichtig zu werden. Selbst wenn sich für alle Weisungen Jesu (was im Falle der Feindesliebe noch nicht ausgemacht scheint) jüdische Parallelen auffinden lassen, bringt doch eben die Konzentration Ben-Chorins auf den ethischen Aspekt der Verkündigung Jesu schließlich die Ethik selber um die entscheidende Nuance, weil ihre Begründung in der Eigenart seiner Basileia-Botschaft nicht deutlich erscheint[89]. Diese bleibt in der Tat in Ben-Chorins Darstellung merk-

---

[89] Den konstitutiven Zusammenhang der ethischen Verkündigung Jesu mit seiner

würdig blaß; insbesondere ist die eigentümliche Spannung von Gegenwart und Zukunft des Reiches Gottes durch den Gegensatz von Eschatologie und Introversion wohl kaum schon angemessen charakterisiert. Dem entspricht, daß Ben-Chorin die spezifisch rechtfertigende sowie einladende Funktion übersieht, die den Gleichnissen Jesu im Zusammenhang seines Verhaltens zukommt[90], und wohl ebenso die religiöse Provokation unterschätzt, die seine Gottesverkündigung implizierte. Daß Gott gnädig ist, wem er gnädig sein will, und daß die Tore der Umkehr dem Sünder allezeit offenstehen – das ist das Tiefste, was Ben-Chorin der Predigt Jesu entnimmt (100)[91]. Aber ist damit schon wirklich erschöpft, was Jesus in Wort und Tat ausdrückt? Sieht er Gottes Güte nicht als bedingungslose Vorgabe und gegenwärtige Wirklichkeit an? Nimmt er sie nicht schon jetzt für sein Verhalten in Anspruch, indem er auf die Ausgestoßenen zugeht und die Verlorenen sucht? Und ist nicht erst in seiner Einladung, die alle ohne Ausnahme ermächtigt, von dieser Wirklichkeit ebenso auszugehen und mit ihr als Grund und Letztmaßstab allen Verhaltens zu leben, ein wirklich neues, nämlich schöpferisches und prinzipiell freies Dasein erschlossen? Hat also Paulus, dessen Rechtfertigungslehre Ben-Chorin als Eskapismus etikettiert (J 71), Jesus nicht doch besser verstanden, als er die Heilsbedeutung des Gesetzes durch den Glauben an das Evangelium außer Kraft gesetzt sah?

Es zeigt sich also auch hier, daß die Unterschiede in den Einzelheiten der Auslegung auf einer Verschiedenheit der leitenden Sinnerfahrungen beruhen. Jürgen Moltmann findet die jüdisch-christliche Differenz in der eschatologischen Zeiterfahrung begründet, die an Jesus gemacht oder nicht gemacht wird: So »entscheidet ... die Gestalt der messianischen Vorwegnahme der Erlösung in der noch unerlösten Welt über das Recht der Hoffnung, die an ihr entsteht«[92]. Ben-Chorins tiefster Einwand gegen das christliche Bekenntnis betrifft ja in der Tat die Unerlöstheit der Welt. Seine Warnung vor Erfüllungsenthusiasmus und gnostischer Vorwegnahme des

---

Basileia-Botschaft zeigen *P. Hoffmann / V. Eid*, Jesus von Nazareth und eine christliche Moral. Sittliche Perspektiven der Verkündigung Jesu, Freiburg 1975 (Quaestiones disputatae 66), bes. 27–58.

[90] Vgl. *E. Linnemann*, Gleichnisse Jesu. Einführung und Auslegung, Göttingen [4]1966, 27–49.

[91] »Immer muß die Initiative freilich vom Menschen ausgehen«, konstatiert auch *R. Gradwohl*, Sünde und Vergebung im Judentum, in: Concilium 10 (1974), 563–567, 566.

[92] *J. Moltmann*, Die messianische Hoffnung im Christentum, in: Concilium 10 (1974), 592–596, 593.

Heils können Christen nicht ernst genug nehmen. Aber sind damit die Alternativen erschöpft? Darf man nicht auch umgekehrt fragen, ob eine Reich-Gottes-Hoffnung ohne messianische Gegenwart in der Geschichte nicht gerade Schöpfung, Geschichte und menschliches Handeln (an denen Juden doch so viel liegt) entwertet, die Zukunft um ihre Gegenwart und damit diese um ihren Sinn bringt? Und kann nicht ein Denken, das die Vollkommenheit der Erlösung gegen ihre unscheinbaren geschichtlichen Anfänge ausspielt, als Alternative nur zu leicht eine Philosophie provozieren, die sich mit den erreichbaren innergeschichtlichen Sinnverwirklichungen des Menschen begnügt? Auch die Christen sehen im Tod Jesu die Transzendenz Gottes bestätigt, aber sie erkennen in ihm zugleich die Vollendungsgestalt eines Lebens, das von der Gegenwart des Reiches Gottes bestimmt war und es unter den Verhältnissen einer gottlosen und unmenschlichen Welt zu realisieren begann. Wenn tragisches Scheitern das Letzte wäre, was von diesem Leben gesagt werden kann, würde es dann nicht auch selber in seiner Gültigkeit fraglich und die Hoffnung, die sich an ihm entzündete, ins Unrecht gesetzt? Und wäre dann nicht gerade eine äußerste Hoffnung, eine Hoffnung noch für die Hoffnungslosen und Scheiternden selber, wie sie die Christen – vom Auferstehungszeugnis ermutigt – im Blick auf das Leben und Sterben Jesu bekennen, ohne jeden geschichtlichen Anhalt, ja eben in Jesus, da er es mit ihr versuchte, sogar widerlegt? Freilich läßt sich eine solche Hoffnung nur unter denselben Verhältnissen bewähren, denen schon Jesus sich nicht entzog. Nur auf seinem Weg gewinnt das antizipierte Reich Gottes an Realität. Und in diesem Sinn entspricht es dem christlichen Glauben selber, daß Ben-Chorin ihn vor der unerlösten Wirklichkeit zur Verantwortung zieht (J 66).

Wie unterschiedlich also auch Juden und Christen vom Anbruch der Verheißungen denken – beide haben sie diese nicht nur für sich selber empfangen, und so sind sie, solange die Welt im Ganzen noch unerlöst ist, im Leiden an ihr und in der Verantwortung für sie miteinander verbunden. Wie aber wollen sie, solange sie auf diesem Weg noch durch den Namen Jesu Christi getrennt sind, ihr Verhältnis zueinander bestimmen? Was werden sie voneinander denken, wenn die Orientierung der Juden an Jesus und das Interesse der Christen für den jüdischen Glauben nur dazu führen, den Schmerz der Trennung um so bewußter zu machen? Werden sich die Christen dann mit der Revision ihrer menschlichen Einstellung zu den Juden begnügen, wie sie die Gewissenserforschung über die Verbrechen der Geschichte erzwang, ohne eine Möglichkeit, in der aktuellen Existenz des jüdischen Volkes und Glaubens auch einen positiven religiösen Sinn zu erkennen[93]? Es läßt sich ja nicht leugnen, daß das christliche Normalbewußtsein über die traditionellen Verwerfungs- und Substitutionstheorien bislang kaum hinausgekommen ist. Das allzu lineare Bild, demgemäß die Heilsbotschaft nach ihrer Ablehnung durch die Juden eben zu den Heiden gelangte, hat die tieferen Aspekte dieses Vorgangs, die das Neue Testament ebenfalls kennt, fast ganz überdeckt. Erst wenn auch sie wieder Beachtung gewinnen, kann die volle Bedeutung der jüdisch-christlichen Begegnung gesehen und anerkannt werden.

Ein erster Gesichtspunkt, daß nämlich in Jesus Christus Juden und Heiden versöhnt und zur Einheit bestimmt sind, wird in seiner Aktualität schon aus hermeneutischen Erwägungen plausibel. Wenn nämlich das christologische Dogma den christlichen Glauben nicht nur allgemein auf die Menschwerdung Gottes, sondern auch auf das spezifische Menschsein Jesu Christi verpflichtet, und wenn – wie oben ausgeführt wurde – die volle Erkenntnis Jesu die Kenntnis des jüdischen Glaubens verlangt, dann liegt es nahe zu fragen, ob für diese eine lediglich historische Erschließung der Quellen genügt. Ob sich darüber hinaus nicht Menschen finden müssen, die den jüdischen Zugang zu Jesus lebendig bezeugen. Seit seinem Bemühen, dem Ebionitentum zu entgehen, hat das Christentum selber jedoch die Verbindung zu solchen lebendigen Wurzeln verloren und sich vorwiegend den Einflüssen der Heidenvölker geöffnet. In dieser Lage – so scheint es – gewinnt die Begegnung von Juden und Christen, gerade weil sie nicht in einer Kirche geeint sind, eine für den christlichen Glauben fast konstitutionelle Bedeutung. Auch wenn es ein neuer Zweig ist, der dem alten Stamm aufgepfropft wurde, bleibt er doch von diesem getragen. Dem christlichen Glauben kann es nicht gleichgültig sein, daß das jüdische Volk in der aktuellen Erwartung der Verheißungen lebt, von deren Anbruch in der Geschichte er seinerseits Zeugnis ablegt.

Ein zweiter Gesichtspunkt erlaubt es, diese Zuordnung noch tiefer zu sehen, und es ist von Bedeutung, daß derselbe Paulus, der immer wieder für die tragische Entzweiung verantwortlich gemacht wird, den Gedanken einer dauernden heilsgeschichtlichen Komplementarität von Juden und Christen eröffnet (Rö 9–11). Wenn nämlich, was als Verfehlung Israels erscheint, der ganzen Welt zum Heile ausschlug und wenn – worauf Paulus ausdrücklich hinweist – das Abseitsstehen Israels bis zum Eintritt

[93] Zum folgenden vgl. *B. Dupuy*, Welche Bedeutung hat es für einen Christen, daß Jesus Jude war?, in: Concilium 10 (1974), 600–604; *K. Hruby*, Möglichkeiten einer jüdisch-christlichen Begegnung und Verständigung. Christliche Sicht, in: Concilium 10 (1974), 610–613.

der Vollzahl der Völker andauern wird, dann erfüllt es, eben indem es die Identität seines Glaubens zu bewahren versucht, seinen heilsgeschichtlichen Auftrag. Wenn umgekehrt aber – so darf man ergänzen – die Christen unfähig waren, ihr Evangelium der Erbarmung namentlich gegenüber den Juden so einladend zu leben, daß diese »eifersüchtig« und aufmerksam wurden, dann sind sie ihnen, denen sie so vieles verdanken, das Ihrige schuldig geblieben und werden dafür am Ende mit ihnen gemeinsam der Vergebung bedürfen.

Mit diesen Gedanken ist auch theologisch eine Gesinnung begründet, die allein ein Gespräch mit den Juden aussichtsreich macht, weil sie es vom Zwang der Selbstrechtfertigung und des Verurteilens freimacht. Allerdings bleibt ebenso zu beachten, daß Paulus den angedeuteten Zusammenhang ein Mysterium nennt und damit auch jene ebenso anmaßende wie unverbindliche Haltung verbietet, die meint, von überlegener Warte aus die einzelnen Positionen dialektisch verrechnen zu können. Keine der beiden Seiten wird aus dem Ernst der unbedingten Glaubensentscheidung entlassen, und jede ist über den Grund ihres Glaubens Rechenschaft schuldig. Nach einem apokryphen Evangelium – erzählt Ben-Chorin – kam Jesus an einem Sabbat an einem Feld vorbei, auf dem ein Mensch arbeitete. Da sprach er ihn an: »Weißt du auch, was du tust? Wehe, wenn du es nicht weißt, aber selig bist du, wenn du es weißt« (J 74).

II. TEIL

DIE KIRCHLICHE JESUSDEUTUNG ANGESICHTS IHRER ALTERNATIVEN
(Theologische Reflexionen)

Ein Gespräch kann gründlich und lohnend nur werden, wenn es damit beginnt, die Auffassung des Partners im Zusammenhang seines eigenen Denkens zur Kenntnis zu nehmen. Deshalb mußten die Darstellungen des ersten Teils zunächst allen Wert darauf legen, die verschiedenen Jesus-Deutungen von ihren philosophischen, wissenschaftlichen und religiösen Voraussetzungen sowie von ihrer gesellschaftlichen Situation und ihren praktischen Motiven aus zu verstehen. Gleichwohl wurden schon dabei kritische Bemerkungen nicht unterdrückt. Die Bedingungen einer fairen Auseinandersetzung sind jedoch erst erfüllt, wenn die unterschiedliche Jesus-Deutung, die sich in derartigen Hinweisen anmeldete, ihrerseits im Zusammenhang dargelegt und zur Diskussion gestellt wird. Freilich kann es den folgenden Überlegungen nun nicht darum gehen, ein detailliertes Jesusbild zu entwickeln und damit die Fülle der Jesus-Bücher noch um ein weiteres Exemplar zu vermehren. Vielmehr wollen sie in systematischer Konzentration die Grundbestimmung beleuchten, durch die sich alle besprochenen Darstellungen von der Jesus-Deutung der kirchlichen Tradition unterscheiden. Insofern diese sich selber als Glaube an Jesus *Christus* und als Vergegenwärtigung dieses Bekenntnisses versteht, dürfte es gerechtfertigt sein, die Bezeichnungen »christlich« und »Christologie« allein ihr und ihrer Lehre vorzubehalten, zumal eine solche Sprachregelung noch keinerlei Wertung einschließen muß. Eben in der ausdrücklichen Ablehnung dieses Bekenntnisses stimmen alle behandelten Autoren überein; einige legen darüber hinaus die Bedeutung Jesu unter Verzicht auf jeglichen theo-logischen Horizont dar oder nehmen Jesus sogar für ihre dezidierte Theismuskritik in Anspruch[94]. Der darin beschlossenen Herausforderung wird der christliche Glaube nicht ausweichen können, solange er von der eigenen humanen Bedeutung überzeugt ist. Aus demselben Grund muß ihm aber ebenso an einer Verständigung liegen. Von beiden Intentionen sind die folgenden Thesen geleitet: sie nehmen die »nicht-christlichen« Jesusrezeptionen nicht nur zum Anlaß, sich auf die Eigentümlichkeit des christlichen Glaubens zu besinnen, sondern bemühen sich auch, ihn zugänglich zu machen und in dieser Vermittlung nochmals von seinen Alternati-

---

[94] Welche Bedeutung der entgöttlichten Gestalt Jesu in der europäischen Religionskritik seit der Aufklärung zukommt, zeigt *J. Nolte,* Die Gestalt und Rolle Jesu in der neuzeitlichen Religionskritik. Unvermutete Christologie in außertheologischen Texten, in: *ders.,* Theologia experimentalis. Übergänge zu einer Metatheologie, Düsseldorf 1975, 109–119.

ven zu lernen. Weil sie als theologische Überlegungen von der Voraussetzung ausgehen, daß Gott sich in Jesus Christus endgültig bestimmt und zugleich über die Bestimmung des Menschen entschieden hat, kommen sie – indem sie diesen Grundgedanken entfalten – zunächst nicht umhin, ungeschützt dogmatisch zu reden. Doch weil sie nicht nur den christlichen Glauben in seiner inneren Stimmigkeit darlegen wollen, sondern auch im Blick auf Nichtchristen zu argumentieren versuchen, nehmen sie ebenso fundamentaltheologische Aufgaben wahr. Systematische Theologie kann letztlich beide Motive nicht trennen, auch wenn diese ein methodisch differenziertes Vorgehen verlangen. Denn weder kann sie jemals ihren Standpunkt verleugnen noch sich der Verpflichtung entziehen, ihn menschlich zu rechtfertigen.

Die Reflexionen der Thesen verlaufen dementsprechend in entgegengesetzte, gleichwohl aufeinander verweisende Richtungen. Im ersten Durchgang (Teil A) kommt die Christologie auf sich selber zurück, indem sie die inhaltlichen und formalen Grundbestimmungen, die ihre Besonderheit konstituieren, benennt und in ihrer Zusammengehörigkeit zu begreifen sowie (im Blick auf die nichtchristlichen Alternativen) in ihrer Tragweite zu beleuchten versucht. These I begnügt sich damit, einige wesentliche Merkmale der Christologie ihrer eigenen Tradition zu entnehmen; These II erläutert die Rolle der theoretischen Reflexion und die Aufgabe der expliziten Verkündigung innerhalb des von Jesus ausgehenden Überlieferungsprozesses; die zentrale These III sucht die Einsicht in die Entsprechung von Inhalt und Form der Christologie zu vertiefen und aus der Erkenntnis, daß die Wahrheit des christlichen Glaubens von der Form ihrer Vermittlung nicht ablösbar ist, Konsequenzen zu ziehen. Im zweiten Durchgang (Teil B) werden die allgemeinen Kriterien eines Gesprächs über Jesus ins Auge gefaßt. Dabei werden drei Ebenen unterschieden und in ihrer Zuordnung bedacht, auf denen die Christologie – wie jedes an Jesus orientierte Verständnis des Menschen – das Recht ihrer Berufung auf ihn sowie den Anspruch ihrer universalen Bedeutung bewahrheiten muß. These IV erörtert historische und hermeneutische Aspekte des Gesprächs über Jesus, These V sucht den philosophischen Horizont der Christologie aufzufinden und ihre theoretische Geltung zu präzisieren, und These VI enthält einige Hinweise, die ihre praktische Relevanz wenigstens noch andeuten sollen.

Bei der Vielfalt der Gesichtspunkte und Argumentationsebenen, die im Gespräch über Jesus von Belang sind und sich häufig bis zur Verwirrung miteinander verschlingen, ist es unerläßlich, vor allem ihr Beziehungsgefüge zu klären und die Eigentümlichkeit des christlichen Glaubens in ihm zu erläutern. Um die Darstellung dabei wenigstens einigermaßen knapp und durchsichtig zu halten, wird für sie die Form von Thesen gewählt[95]. Freilich muß sie sich deshalb auch mit dem Charakter eines Aufrisses begnügen, der für spezielle Überlegungen nur Ansätze erkennen läßt und in seinen einzelnen Behauptungen ungeschützt und vorläufig bleibt. Insbesondere ist es unmöglich, die zahlreichen Bezüge auf die gegenwärtige christologische Diskussion ausdrücklich zu belegen und weiter auszuführen[96]. Gleichwohl wird der theologische Grundgedanke, der in jeder der einzelnen Thesen unter einer anderen Hinsicht erscheint und sie insgesamt als Einheit organisiert, in sich selber entwickelt. Die folgenden Überlegungen wollen erproben, ob er für die systematische Theologie, für die Selbstverständigung und Vermittlung der Christologie von Nutzen sein kann.

[95] Der Gliederung und Durchsichtigkeit des Textes sollen im folgenden gelegentlich auch Hervorhebungen einzelner Ausdrücke und Satzteile dienen. Ferner sei hier vermerkt, daß Zitate, die schon im ersten Teil ausgewiesen wurden, im zweiten Teil ohne erneuten Beleg erscheinen.
[96] Vgl. jedoch die Anmerkungen 15–18.

A. ZUM SELBSTVERSTÄNDNIS DER CHRISTOLOGIE

I. SELBSTOFFENBARUNG GOTTES IN LEBEN UND GESCHICK JESU
(Ursprungsbestimmungen der Christologie)

THESE: Unter Christologie wird hier – zunächst im Anschluß an ihre geschichtliche Gegebenheit – Gestalt und Inhalt der kirchlichen Verkündigung und Theologie verstanden, die nach dem Tod Jesu und seiner Erfahrung als des von Gott Auferweckten seine Verkündigung in der Weise fortzusetzen versuchten, daß sie dabei die Bedeutung seiner Person selbst in den Mittelpunkt rückten und in der Folgezeit immer mehr sein besonderes Verhältnis zu Gott (Nikaia) bzw. die Einheit von Gott und Mensch in seiner Person (Chalkedon) thematisierten. Solche Christologie sieht sich selber bezogen auf *Verkündigung und Verhalten des irdischen Jesus*, gleichzeitig aber – und dies bedingt die eigentümliche Wendung zum »christologischen« Thema – im *Zeugnis von seiner Auferweckung* begründet, in der sein besonderer Anspruch (die Gegenwart der Basileia in seiner Person), der durch seinen Tod widerlegt schien, durch das Bekenntnis Gottes zu diesem Menschen gerechtfertigt und so auch seine Sache wiederaufgenommen und in neuer Weise fortgeführt wurde. Mit der Bindung an diesen doppelten Ursprung sind nicht nur Konsequenzen für das Verfahren der Christologie, sondern auch schon inhaltliche Grundbestimmungen gegeben, die sie nicht außer acht lassen kann, wenn sie in allem Wandel ihre Kontinuität bewahren und der konstitutiven Bedeutung ihres Ursprungs gerecht bleiben will.

1. Die kirchliche Jesusdeutung ist *theo-logisch*. Sie beansprucht, Jesu wahre Bedeutung zu kennen, indem sie sich zu ihm als der *Selbstoffenbarung Gottes* bekennt[97]. Sie setzt also nicht nur die Möglichkeit des Gottesgedan-

[97] Der auf den Deutschen Idealismus zurückgehende Gebrauch des überlieferten Offenbarungsbegriffs in dem exklusiven Sinn der *Selbst*offenbarung Gottes ist theologisch vor allem durch K. Barth wirksam geworden. In der evangelischen Theologie der Gegenwart wurde er insbesondere von W. Pannenberg übernom-

kens voraus, sondern findet ihn auch endgültig in Jesus Christus bestimmt und in ihm Gottes Kommen verwirklicht. Zugleich sieht sie in diesem Bekenntnis den Grund, die Erkenntnis der *Bestimmung des Menschen* an ihn zu binden.

Mit dieser Charakterisierung dürfte der auffälligste Unterschied zwischen der kirchlichen und den nichtchristlichen Jesusdeutungen bereits genannt sein. In Übereinstimmung mit ihrer Tradition hält die Christologie daran fest, daß sich die Bedeutung Jesu und seiner Sache nicht von der Voraussetzung ablösen läßt, in der er sie selber begründete, indem er sich in seinem Leben und Wirken auf Gott, den er seinen Vater nannte, bezog. Insofern er Gottes endgültigen Willen und damit Gott selber unmittelbar für sein gegenwärtiges Verhalten in Anspruch nahm, ihn aber als seinen Vater und den Herrn der Zukunft ebensosehr auch von sich unterschied, mußte freilich sein Tod die Infragestellung seines so bestimmten Lebens bedeuten. Deshalb stellt dieses Leben erst in der unauflöslichen Einheit mit seinem Ausgang (Tod und Erhöhung) ein positives Sinnganzes dar. Die frühe Gemeinde sah die Erwartung der allgemeinen Totenerweckung, wie sie zeitgenössischen Vorstellungen entsprach, im Falle Jesu als schon erfüllt an, und es ist ernstzunehmen, daß sie diesen Glauben noch einmal als begründet bezeugt. Denn Jesu Einheit mit Gott und die Gültigkeit seiner in ihm begründeten Sache konnten sich nach seiner Hinrichtung nur erweisen, indem Gott sich selbst (und zwar als der Gott Jesu) erneut manifestierte. Und erst indem er sich in der Auferweckung Jesu als der Gott definierte, der Tote lebendig zu machen und aus dem Nichtsein ins Leben zu rufen vermag, fanden Jesu Leben und mit ihm alles menschliche Dasein auch inhaltlich ihre letzte Bestimmung.

Der Verzicht auf diesen Ausgangspunkt muß dazu führen, entweder jeden »eschatologischen« Anspruch Jesu oder aber seine »theologische«

---

men, biblisch gerechtfertigt und systematisch entwickelt. Seine Christologie läßt sich geradezu als Begründung und Entfaltung der Aussage von der Selbstoffenbarung Gottes in Leben und Geschick Jesu charakterisieren. Dabei hat Pannenberg nicht nur immer wieder die Problematik des gegenseitigen Voraussetzungs- und Bestimmungsverhältnisses von Christologie und Theologie reflektiert, sondern auch nachdrücklich betont, daß die universale Bedeutung Jesu als Mensch auf die Voraussetzung seiner Offenbarungseinheit mit Gott zurückweist und von ihr abhängt. Vgl. *W. Pannenberg* (Hg.), Offenbarung als Geschichte, Göttingen [4]1970, 7–20, 91–114; *ders.*, Grundzüge der Christologie, bes. 13–44, 124–131, 193–199; *ders.*, Gottesgedanke und menschliche Freiheit, 32–34; *ders.*, Christologie und Theologie, in: Kerygma und Dogma 21 (1975), 159–175.

Bedeutung überhaupt in Abrede zu stellen. Damit wird nicht bestritten, daß schon das irdische Leben Jesu eine Möglichkeit menschlichen Daseins anzeigen kann, die durch sich selbst überzeugt und einladend wirkt; die vielen Stimmen namentlich auch außerhalb der kirchlichen Tradition, die solche Wahrnehmung besonders der Freiheit und Unbedingtheit an Jesus bezeugen, bestätigen die menschliche Evidenz, die von dem Anbruch des Reiches Gottes in ihm ausgeht. Insistiert wird nur darauf, daß die Lösung dieser Gegenwart von ihrer (erneut durch Gott begründeten) Zukunft ihren Sinngehalt selber verändert, gleichgültig, ob man dabei für die größere Zukunft Gottes oder für die gegenwärtigen (und zukünftigen) Möglichkeiten des Menschen plädiert. Für die erste der angedeuteten Alternativen mag Ben-Chorin stehen: wenn Jesu Leben der Zukunft Gottes nicht »vorgreift«, dann kann er darin auch durch seinen Tod nicht in Frage gestellt sein, dann ist er noch in seinem gottverlassenen Scheitern ein Zeuge des radikalen jüdischen Glaubens, der alles (namentlich die Erlösung der Welt) allein von Gottes *künftigem* Handeln erwartet. Daß die Basileia noch aussteht und sich dabei menschlichem Zugriff entzieht, tritt also bei Ben-Chorin in äußerster Verschärfung hervor. Eben dieses Merkmal wird in der Wahl des »entschlossenen Humanismus« dagegen eliminiert, und es hat Konsequenz, wenn dieser im gleichen Maße, wie er den Auferstehungsglauben außer acht läßt oder ihn als nachträglichen mythologischen Ausdruck für die bleibende Gültigkeit des in Jesus erschlossenen Daseins (Machovec) oder die noch verborgene Zukunft des Menschen (Bloch) dechiffriert, auch seinen Gottesgedanken als mythologische Entfremdung durchschaut und die in ihm imaginierten Möglichkeiten als menschliches Eigentum vindiziert. Gerade Jesus erscheint dann als der Mensch, der – »schlechthin gut« – jede mögliche Gottesidee überholt hat (Bloch), und noch die urchristliche Erhöhungsvorstellung zeigt an, daß der Mensch (zumindest seiner Intention nach) Gott abgesetzt hat und die freigewordene »riesige Schöpfungsregion« für sich selbst in Besitz nimmt (Fromm, Bloch). Selbst wo das derart emanzipierte Bewußtsein die eigene absolute Grenze erneut reflektiert, kann ihm Jesus noch zur Identifikationsfigur dienen: als Beispiel eines absurd-glücklichen Daseins, das in der rückhaltlosen Bejahung seiner endlichen Wirklichkeit allen ihm verfügbaren Sinn ausschöpft (Gardavsky), oder auch als Bild der tragischen Existenz, die im Scheitern von allem, was Welt ist, ihre Wahrheit, ihre Größe und ihren Ernst findet (Jaspers). Und obwohl die letztgenannte Position die souveräne Freiheit Jesu besonders eindringlich darstellt und sich selber wieder als Offenheit für die Transzendenz ausgibt, wird doch gerade in ihr der Gottesgedanke in seiner Bedeutungslosigkeit für die Welt manifest und so (im doppelten Sinn des Wortes) gegenstandslos.

Solche Beobachtungen wollen über den Wert der genannten Optionen keineswegs schon entscheiden. Sie verdeutlichen aber, daß die Sinnmöglichkeit, welche die Christologie mit dem Namen Jesus Christus bezeichnet und in der *Einheit seines spezifischen Menschseins mit seiner Auferstehung* schon realisiert sieht, sich als ganze verändert, wenn man eines ihrer Elemente eliminiert bzw. sie von Gott als ihrem Grund löst. Für die Christen, die sich – selber noch in der Situation zwischen Anbruch und Vollendung der Basileia – an der Menschlichkeit Jesu zu orientieren versuchen, kann der Glaube an seine Auferweckung nicht bedeutungslos sein. Inwiefern er vielmehr ihr Menschsein bis in seine konkreten Vollzüge betrifft, bleibt noch zu zeigen.

2. Durch ihre Begründung im Osterzeugnis der Jünger ist die Christologie *kirchlich*. Die im Ostergeschehen offenbar gewordene eschatologische und damit universale Bedeutung Jesu bleibt auf *Verkündigung* angewiesen. Als Verkündigung seiner universalen Bedeutung muß sie auf stete *Vergegenwärtigung* aus sein, diese jedoch bleibt ebensosehr durch *Erinnerung* bestimmt. In dem gerade durch das Ostergeschehen verbindlich gemachten und somit für sie konstitutiven *Rückbezug auf den irdischen Jesus* hat die Christologie ein unaufhebbares Korrektiv gegen alle Mythologisierung, Spiritualisierung oder gar Selbstapotheose des kirchlichen Glaubens. Obwohl sie sich also als ständige Vermittlung des durch die Auferweckung begründeten Bekenntnisses zu Jesus Christus vollzieht, kann sie sich doch nicht damit begnügen, allein dieses Bekenntnis in Anknüpfung an das Denken und die Bedürfnisse der jeweiligen Zeit zu entfalten. Sie muß es vielmehr ebenso, und zwar heute in einer Weise, die dem Anspruch und der Entwicklung des historischen Bewußtseins und der Geschichtswissenschaften gerecht wird, historisch bewähren und stets überprüfen, indem sie seinen Anhalt beim irdischen Jesus zu rechtfertigen und seiner Bestimmung durch ihn immer neu zu entsprechen versucht.

Wenn also oben gesagt werden mußte, daß Jesu Leben nur in der Einheit mit seiner Auferweckung ein positives Sinnganzes darstellt, so gilt es nun umgekehrt zu akzentuieren, daß ein Auferstehungsglaube, der sich nicht auf den irdischen Jesus hinweisen und in inhaltlicher sowie praktischer Hinsicht an ihn binden läßt, jeden geschichtlich relevanten Gehalt verlieren und aufgrund seiner Vereinbarkeit mit beliebigen Interessen zur ideologischen Verwendung geradezu einladen muß. Eine Kirche, die Auferstehung verkündet und darüber die in Jesus schon begonnene Geschichte der Freiheit vergißt, muß nicht nur Erlösung zur transzendenten und dabei abstrakten Wirklichkeit hypostasieren, sondern zugleich sich selbst der Geschichte der Menschen entfremden. Für die Kritiker der Christologie stellt diese Kluft den Hauptangriffspunkt dar. Ben-Chorin weigert sich, an Erlösung zu glauben, solange die Welt noch unerlöst ist. Jaspers stellt die Ersetzung der Reich-Gottes-Idee und der menschlichen Wirklichkeit Jesu durch die innergeschichtlich und vor allem mit der Einrichtung eines Kultes sich etablierende Kirche heraus. Kolakowski rechnet ihr auf, wie sie mit der Ausbildung ihres Glaubens *an* Jesus seine Reform zementierte. Mit der Verselbständigung des Auferstehungsglaubens – so führt Machovec aus – sei die entscheidende Umkehrung der Perspektive geschehen, die Jesu Leben bestimmte. Denn seine eschatologische Predigt habe aus der entfremdenden Zukunft der Apokalyptik eine schon gelebte, menschliche Zukunft gemacht und eben die gegenwärtige Welt unter den Anspruch des künftigen Zeitalters gestellt. Auch für Fromms sozialpsychologische Analyse der Dogmenentwicklung gibt die Verkümmerung der geschichtsverändernden Aktivitäten des Glaubens den Leitfaden ab. Am heftigsten aber hat Bloch den Rückzug der Theologen zur himmlischen Transzendenz bzw. in die Innerlichkeit als Verrat am eschatologisch-rebellischen Jesus gebrandmarkt. Alles »himmlische Oben« wird deshalb bei ihm zur »menschlichen Stadt«, und Auferstehung gilt ihm als Ausdruck einer menschlichen Hoffnung, die noch gegen den Schrecken des Todes angeht. Ebenso versucht Gardavsky dem Auferstehungsgedanken immanenten Sinn abzugewinnen, indem er ihn als Metapher für das Wunder einer Liebe interpretiert, kraft derer der Mensch in der Gestaltung seiner Geschichte sich selbst übersteigt.

Wie immer es um die geschichtliche Berechtigung solcher Urteile stehen mag und so beträchtliche Unterschiede die Jesusdeutungen der genannten Autoren im übrigen aufweisen mögen – sie alle zwingen die Christologie, ihre Aufmerksamkeit verstärkt auf den irdischen Jesus zu richten. Freilich kann die Christologie in solcher Betrachtung mehr sehen als eine ihr nur aufgenötigte Selbstkorrektur. Denn sie geht ja nach eigener Voraussetzung davon aus, daß Leben und Geschick Jesu den einen Vorgang der Selbstoffenbarung Gottes ausmachen. Deshalb muß sie auch das, was dieses irdische Leben schon als solches anzeigt, als zum Offenbarungsgehalt gehörig betrachten, ja sie muß sogar dieses Leben selber als angemessene (wenn auch noch unvollendete und umstrittene) Gestalt und Wirklichkeit des sich offenbarenden Gottes zu begreifen versuchen. Und ebenso kann, wenn der Anbruch der Gottesherrschaft im irdischen Jesus und ihre Vollendung in der (an Jesus schon geschehenen) Auferweckung vom Tode ein unzerreißbares Sinnganzes bilden, die geschichtliche Realisierung der Basileia für ihre (erneut von Gott heraufgeführte) Vollendung nicht gleichgültig sein, es sei denn, man wollte Schöpfung und Geschichte für gänzlich überflüssig und in sich wertlos erachten.

So sehr die kirchliche Tradition also vom Auferstehungszeugnis herkommt und ausdrücklich an ihm festhält, so sehr muß ihr zugleich daran liegen, das irdische Leben Jesu als die Gestalt wahrzunehmen, in der Gott schon in die Geschichte der Menschen eintrat. Darüber hinaus muß sie lernen, daß sie selber Vermittlung des endgültig angebrochenen Reiches Gottes nur sein kann, wenn ihr eigener Vollzug dem Maße Jesu entspricht. Dem damit angedeuteten Zusammenhang wird die dritte These nachgehen. Zuvor jedoch ist noch – wenigstens in vorläufiger Weise – auf die Kritik einzugehen, die gerade im Namen des irdischen Jesus an der Tradition der Kirche geübt wird, sofern sie das Christusbekenntnis in ihren Mittelpunkt stellt. Denn wenn immer wieder der Glaube Jesu dem Glauben an Jesus (Ben-Chorin, Jaspers) und seine authentisch menschliche und geschichtliche Praxis der Christusbotschaft (Kolakowski, Gardavsky, Machovec) entgegengesetzt und die christologische Lehrentwicklung bisweilen sogar als mehr oder minder bewußte Verkehrung der Sache Jesu hingestellt wird (Bloch, Fromm), muß die Theologie Rechenschaft über die Bedeutung ablegen können, welche der ausdrücklichen Verkündigung und christologischen Reflexion im Ganzen des Traditionsprozesses Jesu zukommt.

II. VERKÜNDIGUNG – REFLEXION – PRAXIS
(Momente im Traditionsprozeß Jesu)

THESE: Was von allen nichtchristlichen Jesusautoren als frühkirchlicher Prozeß der Vergöttlichung Jesu und der Metaphysizierung des christlichen Glaubens gerügt wird, nämlich die ontologisch-spekulative (und vornehmlich an Jesu Göttlichkeit interessierte) Ausrichtung der Frage nach seinem besonderen Sein und die gleichzeitige Konzentration auf die von ihm schon vollbrachte (und häufig als jenseitig vorgestellte) Erlösung, birgt in der Tat die Tendenz zu einer einseitigen und verengten Betrachtung, die – je mehr sie sich verselbständigt und auf Sätze fixiert – in ihrem soteriologischen, die Geschichte betreffenden Sinn immer schwerer einsichtig wird und sich für ideologischen Mißbrauch anfällig zeigt, je mehr sie die Breite der Verkündigung Jesu und das Bild seines menschlichen Verhaltens mit seinen befreienden und verändernden Impulsen aus Augen und Gedächtnis verliert. Gegen den radikalen Vorwurf jedoch, seit ihrer Wendung zum verkündigten Christus habe sie die Sache des verkündigenden Jesus grundsätzlich verfälscht, wird die Christologie herauszuarbeiten suchen, daß und wieweit die Fragen ihrer Tradition in der jeweiligen geistigen Situation unausweichlich waren und ihre Resultate dementsprechend als Versuche zu würdigen sind, *den eigentümlichen Gehalt von Jesu Botschaft und die einzigartige Bedeutung seines Auftretens und seines Geschicks gerade durch die ausdrückliche Entfaltung ihrer Implikationen und Voraussetzungen herauszustellen* und in einem ebenso sach- wie zeitgemäßen Nachdenken zu verantworten.

1. Jede spekulative Christologie, die sich auf ihre Aufgaben und deren Grenzen besinnt, kann sich selber nur als einen Faktor der Verkündigung und auch diese, sofern sie als Wortverkündigung auftritt, wiederum nur als ein Moment innerhalb des Traditionsprozesses Jesu begreifen, der vor allem auch praktische Nachfolge einschließt. Ihre ideale Gestalt wäre in der Tat, mit einer »Christopraxie« verbunden zu sein, die im Leben der Kirche Wirklichkeit wäre. In dem Maße jedoch, wie auch andere Motive als solche der Verkündigung und insbesondere die Eigeninteressen der

Institution auf das kirchliche Handeln Einfluß gewinnen und die Theologie, statt diesen Vorgang zu kontrollieren und ihm entgegenzuarbeiten, lediglich von einmal gelegten Grundlagen aus die Vervollständigung der eigenen Theoriebildung anstrebt, muß die Gefahr wachsen, daß sie an praktischer Relevanz einbüßt und zunehmend die Funktion eines ideologischen Überbaus ausübt. Ebenso ist – infolge solcher Entzweiung – mit der Möglichkeit einer Praxis zu rechnen, die sich von der Ausdrücklichkeit kirchlichen Glaubens losgemacht hat und dennoch authentisch christliche Impulse verwirklicht. Wo immer kirchliche Theologie ihr begegnet, sollte es ihr nicht schwer fallen, in ihr den Geist Jesu Christi anzuerkennen und sich von ihm an das Versäumte erinnern zu lassen. Auch wenn der christliche Glaube, um das Gute an ihr aufnehmen zu können, sie kritisch und freimütig prüft, darf er ebenso unbefangen doch damit rechnen, durch sie auf neue Wege seiner eigenen Vergegenwärtigung aufmerksam zu werden.

Auf der anderen Seite ist nicht weniger deutlich, daß jede Praxis in ihren Inhalten, Zielen und Motivationen von einem mehr oder weniger expliziten Interpretationsrahmen abhängt, dessen Wandel sie selber und als ganze betrifft. Es kann bezweifelt werden, ob sich ursprünglich christliche Intentionen auch außerhalb des Sinnzusammenhangs, dessen sich christlicher Glaube bewußt ist, unverändert durchhalten lassen. Das gegenwärtig bisweilen überdeutliche Bewußtsein der Aporien, die sich im Verwirklichungsprozeß der Freiheit auftun, und die Entmutigung, die häufig die besten Anstrengungen lähmt, darf man vielleicht mit der selektiven Rezeption des christlichen Glaubens in Zusammenhang bringen. Nicht aus Rechthaberei, sondern aus Solidarität und Interesse für die auch von ihm in Gang gebrachte und zu verantwortende Geschichte wird der christliche Glaube, wenn er sich mit den humanen Bemühungen seiner Zeitgenossen verbündet, gar nicht anders können, als dabei auch in der nachchristlichen Epoche den Grund seiner Hoffnung zu bezeugen, die Verheißungen seiner Tradition ins Gedächtnis zu rufen und darin seine spezifische Funktion in der von Jesus ausgehenden Geschichte zu sehen.

2. Die möglichen Reflexionsrichtungen der Christologie lassen sich nicht apriori bestimmen, sondern hängen von der Situation ab, in der christliche Verkündigung auftritt. Sofern diese jedoch von Anfang an davon ausging, daß Jesus in seinem Verhalten und seiner Predigt Gott endgültig nahebrachte und auslegte, daß also Gott, indem er dieses Leben bestätigte, sich in ihm selber geschichtlich und definitiv (eben als der Gott Jesu Christi)

manifestierte und darin bei aller Freiheit, in der dies geschah, doch sich selber entsprach – dann müssen alle Aussagen über Jesus Christus Gottes eigenes Wesen betreffen. Deshalb war es unvermeidlich, wenn christliche Theologie ihren Glauben bewahren und verantworten wollte, daß sie jeden Gottesgedanken, den sie vorfand, »christlich« zu bestimmen versuchte. Der folgenreichste Schritt auf diesem Weg geschah zweifellos, als sie gegen doketische und gnostische Tendenzen den Ernst und die Wirklichkeit der Selbstoffenbarung Gottes dadurch zu bewahren suchte, daß sie Gott und Jesus Christus als zur Einheit desselben Wesens gehörig ansah und – da sie ebenso den Unterschied zwischen Jesus und seinem Vater sowie die Freiheit der Offenbarung festhalten mußte – die Trinitätslehre ausbildete. Daß alle derartigen Vermittlungsbemühungen der Christologie sich auf die Denkvoraussetzungen der jeweiligen Situation einlassen und ihrerseits von ihnen geprägt werden mußten, ist freilich ebenso wahr. Leistung und Preis der frühkirchlichen Lehrentwicklung sind hier jedoch nicht zu verrechnen, da es an dieser Stelle nur um ihren Ansatzpunkt geht.

Natürlich können – soviel sei immerhin noch bemerkt – die erzielten Ergebnisse nur auf solche Fragen als verbindliche Antworten gelten, die ihnen entsprechen. Außerhalb des vorausgesetzten Denkrahmens sind sie unmittelbar ja nicht einmal verständlich. Auch kann es sein, daß durch neue Situationen und Denkmöglichkeiten herkömmliche Frageansätze überholt und andere Probleme vordringlicher werden. Und erst recht bleibt bestehen, daß bloßer Verbalorthodoxie keinerlei Heilsbedeutung zukommen kann. Dennoch wäre es leichtfertig, die frühkirchliche Christologie und Gotteslehre einfach auf sich beruhen zu lassen: zum einen deshalb, weil sich der Fortgang des Bewußtseins schon in der allgemeinen Denkgeschichte normalerweise nicht als einfache Verabschiedung der früheren Probleme und Kategorien, sondern eher als deren Transposition auf eine andere Reflexionsebene vollzieht; zum andern auch, weil gegenüber einer ebenso möglichen Regression und Remythologisierung des Bewußtseins das einmal im theologischen Denken Erreichte zumindest die Erinnerung an eine Aufgabe wachhalten kann, der sich christliche Theologie nur um den Preis der Verkümmerung und des Verlustes an theoretischer Relevanz, wenn nicht sogar der Selbstaufgabe als Theologie zu entziehen vermag. Wenn heute die geistige Situation weithin dadurch gekennzeichnet ist, daß sie den Gottesgedanken überhaupt – und zwar im Namen des Menschen und seiner Geschichte – verabschiedet hat, dürfte es jedenfalls kaum genügen, unmittelbar wieder an die biblische Rede von Gott anzuknüpfen, ohne zugleich – natürlich unter Berücksichtigung der veränderten philosophischen Lage – die gedanklichen Probleme der Einheit und Unterschiedenheit von Gott und Mensch (und menschlicher Geschichte) erneut aufzurollen, die sich trotz aller Überlagerungen als das eigentlich treibende Thema schon der frühchristlichen Lehrentwicklung erkennen lassen. Angesichts der Deutung, die etwa Bloch in der Tradition Feuerbachs mit dem homousianischen Dogma verknüpft, wird die Aktualität solcher Aufgaben unmittelbar deutlich.

3. Wie schon bemerkt, kann es hier nicht darum gehen, die Entwicklung der Christologie im einzelnen zu verfolgen. Im Gespräch mit ihren Kritikern ist ja vor allem schon ihr Ausgangspunkt, nämlich die mit dem Ostergeschehen eintretende christologische Wende als solche, umstritten. Darum mag es genügen, wenn als *Sinn der christologischen Verkündigung und Reflexion* einsichtig wurde, *daß sie als Momente des Traditionsprozesses Jesu für die spezifisch christliche Bestimmung seines Gehaltes und letztlich auch seiner Praxis unverzichtbar sind.* Die Gefahr ihrer Isolierung und Verselbständigung hebt diese Notwendigkeit nicht grundsätzlich auf, wohl aber macht sie die Rückbesinnung auf den irdischen Jesus zur dringenden Pflicht. Nun hatte bereits die erste These aus der Voraussetzung der (freilich inhaltlich noch nicht näher bestimmten) Selbstoffenbarung Gottes in Leben und Geschick Jesu die Notwendigkeit einer Verkündigung entwickelt, die nicht nur ausdrücklich an die Auferweckung Jesu erinnert, sondern zugleich in ihrem Inhalt und praktischen Vollzug an seinem irdischen Leben orientiert bleibt. Allerdings kamen beide bisherigen Thesen über formale Aussagen noch nicht hinaus. Deshalb ist nun zu fragen: Inwiefern eigentlich verlangt die in Jesus Christus eröffnete Wahrheit von ihrem *Inhalt* her ihre Kennzeichnung als Offenbarung? Und warum fordert die durch ihn bezeichnete Sinnmöglichkeit eine Vermittlung, die an ihn selber als diese Offenbarung erinnert und zugleich an seiner Praxis orientiert bleibt? Nur in dem Maße, wie die kirchliche Jesusüberlieferung in die mit diesen Fragen angesprochenen Zusammenhänge eindringt, kann sie die Reflexion auf ihr Wesen vollenden und über ihre Eigentümlichkeit Rechenschaft geben.

III. SYMBOLISCHE REALISIERUNG DER ANERKENNUNG DES MENSCHEN DURCH GOTT

(Zur Entsprechung von Inhalt und Gestalt der Offenbarung und Offenbarungsvermittlung)

THESE: Wenn Auftreten und Botschaft Jesu in ihrer Gesamtheit dadurch charakterisiert sind, daß er aus unmittelbarer Vollmacht und in unbedingter und unüberbietbarer Weise Gott als den »Gott der Menschen« auslegte und das Verhalten Gottes unwiderruflich mit dem eigenen Verhalten verknüpfte, und wenn Gott den darin enthaltenen eschatologischen Anspruch bestätigte, indem er an ihm die (von den Juden erhofften) Ereignisse der Endzeit bereits eintreten ließ, dann stellt Jesus Christus in eins die Enthüllung der definitiven Selbstbestimmung Gottes und der Bestimmung des Menschen dar. Deshalb darf die Christologie ihn als Selbstoffenbarung Gottes bezeichnen und als Antwort auf die entscheidenden und »letzten« Fragen der Menschen auslegen. Weil aber *die Selbsterschließung Gottes als Liebe* – sofern er Gott bleiben und der Inhalt seiner Offenbarung Liebe sein soll – *nur aus Freiheit* geschehen konnte und zugleich, um *geschichtliche Wirklichkeit* für die Menschen zu werden, der Freiheit eines *Menschen* bedurfte, der sich durch sie unmittelbar bestimmen ließ und diese Bestimmung in der Geschichte seines Lebens darstellte, und weil dieses Geschehen in seiner Freiheit (d. h. um seines Gehaltes der Liebe Gottes willen formell als Offenbarung) weiterhin anerkannt sein muß, *bleibt jede Vergegenwärtigung der Bedeutung Jesu und seiner Wahrheit an ihn selbst als geschichtliche Gestalt und Tatsache gebunden.*

Damit ist nicht nur behauptet, daß Jesu spezifisches Menschsein die ihrem Inhalt entsprechende geschichtliche Offenbarungswirklichkeit darstellt, sondern auch, daß der in Jesus Christus eröffnete Sinn des Menschen und seiner Geschichte seinen Inhalt nur bewahren kann, solange er durch das Faktum seines Geschenktseins geprägt und als Mitteilung und Verheißung Gottes bewußt bleibt. Und daraus folgt, daß die Christen an Jesus Christus als Offenbarung Gottes im Glauben erinnern und in ihrer Praxis an ihm als dem »wahren Menschen« ihr Maß nehmen müssen, um die empfangene Bestimmung festhalten und weitergeben zu können. Zugleich wird deutlich, daß die Geschichte in ihrem für die Selbstvermittlung des Menschen konstitutiven Rang von der christlichen Anthropologie mehr als von anderen Auffassungen des Menschen anerkannt werden kann: denn wenn der den Menschen und seine Geschichte endgültig bestimmende Sinn sich nur erschließen kann, indem er sich *in* ihr bereits anfangshaft (doch *aus* ihr unableitbar) realisiert, und wenn er sich auch nur auf dem Wege geschichtlicher Erinnerung und Verwirklichung weiterhin mitteilen läßt, dann sind die Menschen nicht nur auf die Geschichte verwiesen, um in ihr aus sich selbst gültige Ideen darstellen und ihr eigenes, bereits gewisses Wesen manifestieren zu können, sondern zuvor schon, um aus ihr sich ihre letzte Bestimmung allererst zukommen zu lassen und dadurch selber Träger absoluten Sinnes auch für andere zu werden.

1. Einem Mißverständnis sei vorweg gewehrt: Orientierung des gläubigen Daseins an Jesus hat weder mit imitierender Nachfolge noch mit der unmündigen Einstellung derer etwas zu tun, die in jeder konkreten Entscheidungssituation fertige Maximen von ihm erwarten. Auf diese Weise würde ja gerade die souveräne und schöpferische *Freiheit* übersehen, von der sich nicht nur Jesu eigenes Verhalten geprägt zeigt, sondern zu der er auch alle ermächtigt, die sich auf seine Botschaft einlassen wollen. Wesentlich jedoch ist die Bestimmung, die diese Freiheit dadurch gewinnt, daß sie sich selbst *aus der Zuwendung Gottes* empfängt. Denn durch die Erfahrung ihrer *bedingungslosen Anerkennung* wird sie frei von dem Zwang, sich ihren Sinn durch Selbstbehauptung und eigene Leistung verbürgen zu müssen: selber durch Liebe begründet, kann sie ihr Tun durch Liebe bestimmen. Die Erinnerung christlicher Freiheit an Jesus Christus stellt also primär die Form dar, in der sie sich ihres unbedingten Sinnes vergewissert, um ihre Bestimmung durchhalten zu können. Damit hält sie nicht nur sich selber, sondern auch anderen ihre Möglichkeit offen, selbst dann, wenn beide noch nicht oder nicht mehr ihrem Angebot tatsächlich entsprechen. Freilich kann einem Menschen die in Jesus erschlossene Sinnmöglichkeit wohl nur dann aufgehen, wenn sie sich mit der aktuellen Erfahrung wirklichen Anerkanntwerdens verbindet. Die Geschichte der auf solche Weise (durch *Erinnerung und Verwirklichung*) sich zwischen den Menschen fortzeugenden Freiheit wird also als die einzig angemessene Weise begreiflich, in der sich die in Jesus Christus offenbare Wahrheit über den Menschen überhaupt mitteilen läßt.

2. Zugleich wird verstehbar, warum schon die ursprüngliche Wirklichkeit der Offenbarung ihrem Gehalt entspricht und dieser auf sie bezogen

bleiben muß. Christliche Theologie, die an der Eigenart ihres Glaubens festhalten will, daß sich Gott in Freiheit als Gott der Menschen bestimmt hat, muß auf der Einsicht insistieren, daß sich für den Menschen diese Wahrheit um ihres Inhaltes willen von der Tatsache und Gestalt ihrer ursprünglichen Vermittlung nicht ablösen läßt. Daß Gott jeden Menschen in absoluter Weise annimmt und liebt, ist eine Wahrheit, die weder philosophisch ableitbar noch philosophisch aufhebbar ist. Denn Liebe kann sich nur offenbaren, indem sie sich realisiert. Ebenso entzieht sie sich in ihrer unverfügbaren Wirklichkeit jeder Festsetzung durch den Gedanken. Sie kann nur »bestehen«, indem sie die Unterschiedenheit in der Einheit, die unabdingbare Freiheit auch in der geschehenen und treuen Zuwendung wahrt. Was so für die Beziehung unter den Menschen gilt, zeigt ebenso die Bedingung an, der auch die Selbstmitteilung Gottes an sie (wenn sie Liebe sein soll) unterliegt. Wenn nun ferner gesagt werden darf, daß für den Menschen Liebe primär im Verhältnis zum Menschen Realität hat und jede Liebe (auch die Gottes zum Menschen) erst in dieser Wirklichkeitsweise menschliche Bestimmtheit gewinnt, wenn andererseits aber gerade endliche Freiheit die Unbedingtheit der Anerkennung, auf die sie nicht weniger aus ist, aus sich nicht zu rechtfertigen und den absoluten Sinn, den sie zusprechen möchte, nicht selbst zu verbürgen vermag, dann wird (im nachhinein) der Sinn des »Cur Deus homo« zugänglich (und zwar im bezeichnenden Unterschied zu der Weise, wie Feuerbach und Bloch ihn entschlüsseln): Gott mußte als *Mitmensch* unter uns handeln, um sich als Gott (Grund und Sinn) der Liebe mitteilen und so die Geschichte der Menschen real bestimmen zu können; ebenso mußte er sich freilich in der Einigung mit jenem Menschen auch von ihm unterscheiden, wenn anders es *Gottes* Liebe sein sollte, die in ihm erschien. Das Leben Jesu drückt beide Bestimmungen aus: in der Unmittelbarkeit der Vollmacht, in der er sich im Namen Gottes den Menschen zuwandte, und in der Unbedingtheit, mit der er dabei bis zum äußersten ging, ist er die Darstellung Gottes als Liebe; Darstellung *Gottes* aber insofern, als er dabei auf ihn als den Grund seines Verhaltens verwies und ihm (bis zum Tode gehorsam) seine eigene Zukunft und die Entscheidung über seine Sache anheimgab. Indem er, der Gott identifizierte, seine eigene Identifikation Gott überließ, anerkannte er Gottes Freiheit und Gottsein. Seit Gott ihn jedoch bestätigte, bleibt jede Rede über ihn (um seiner Freiheit und Göttlichkeit willen) auf diesen Menschen verwiesen. In Jesus Christus ist Gott dem Menschen endgültig nahegekommen und hat sich ebenso endgültig als Gott von ihm unterschieden; *so* hat er sich als *Gott der Liebe manifestiert.*

Diesem Sachverhalt sucht die Christologie zu entsprechen, indem sie an der geschichtlichen Vermitteltheit des definitiven Gottesbezuges der Menschen durch Jesus Christus, die den wesentlichen Unterschied zwischen ihm und den Gläubigen indiziert, festhält, in ihm selber jedoch dieses Gottesverhältnis als so ursprüngliche Wirklichkeit versteht, daß sie die Aussage einer unmittelbaren und wesentlichen Einheit von Gott und Mensch in ihm wagt, so jedoch, daß beide nicht einander aufheben oder vermischen, sondern sich gegenseitig definitiv und füreinander bestimmen. (Wie diese Einheit in der ewigen Selbstbestimmung Gottes grundgelegt sein, in der Geschichte in unableitbarer Weise Wirklichkeit werden und – unter dem Gesichtspunkt der wahren, von Gott anerkannten Menschheit Jesu – schon in ihm wirkliche Geschichte sein könne, ist hier nicht weiter zu verfolgen.)

Für das Gespräch über Jesus ist die Einsicht entscheidend, daß sich aus der von ihm eröffneten Wahrheit das Merkmal, *in der Geschichte (a) von Gott (b) gegeben* zu sein, nicht tilgen läßt, ohne sie selbst zu zerstören. Der Verzicht auf ihren bestimmten geschichtlichen Ursprung müßte ihre Wirklichkeit gefährden, die Bestreitung der göttlichen Urheberschaft dieses Faktums ihren theologischen Sinn eliminieren. Wo das erste geschieht, ist das zweite in der Regel nicht fern: wenn Liebe und Freiheit als Idee ausgedrückt werden, lassen sie sich nur noch als Möglichkeit behaupten und als Aufgabe fordern, die der Mensch allererst selber verwirklichen muß. Es dürfte nicht ohne inneren Zusammenhang sein, wenn die neuzeitliche Dominanz des Begriffs über alle Wirklichkeit nicht nur die äußere Wirklichkeit zum »versinnlichten Materiale für die Pflicht« (Fichte) herabsetzte (bzw. im Gegenzug den Geschichtsprozeß selber divinisierte), sondern gleichzeitig auch dazu neigte, Gott als Horizont des Menschen zu fassen und den Gedanken an ihn zum bloßen Moment menschlichen Selbstvollzuges zu depotenzieren. Und folgerichtig war es wohl auch, daß die neuzeitlich-nachchristlichen Soteriologien, soweit sie mit diesem Verlust der Geschichte als der adäquaten Vermittlungsdimension eines von Gott kommenden Heils dessen formelles Merkmal (nämlich gegeben und erst so aufgegeben zu sein) als Heteronomie ablehnten und eliminierten, sich dementsprechend auch inhaltlich im Rahmen der Ziele und Möglichkeiten hielten, deren sich das Subjekt reflektierend vergewissern und die es in eigener Regie verwirklichen kann. Denn das reflektierende Subjekt bleibt im Prinzip bei sich selbst; wo es in der Erfahrung der Welt seine faktische Voraussetzung und Grenze erreicht, wird es seinen Sinn darin suchen, durch deren Aneignung und Bearbeitung seine Selbständigkeit zu behaupten; selbst noch, wenn sich das existierende Subjekt auf eine fremde Freiheit als Ermöglichung des tatsächlichen Selbstseins besinnt, können beide ihre wechselseitige Anerkennung fernerhin nur als gegenseitige Leistung begreifen.

Die vielfältigen Weisen, in denen – getreu den Wandel des Zeitgeschmacks widerspiegelnd – zahlreiche anthropologische und geschichtsphilosophische Entwürfe der Neuzeit Jesus als Chiffre oder Moment in sich aufhoben, brauchen hier nicht aufgezählt zu werden. Jedenfalls stimmen die meisten der gegenwärtigen nichtchristlichen Jesusrezeptionen formell mit ihnen darin überein, die Christologie als Variable der Anthropologie zu behandeln. Nicht weniger teilen sie ihr ethisches Gepräge und den appellativen Grundton. Gardavsky lehnt es ab, zu Gott oder einem anderen Prinzip Zuflucht zu nehmen, um sich das Gelingen der unerledigten geschichtlichen Aufgaben garantieren zu lassen; und für Kolakowski gibt das Bewußtsein der prinzipiellen Unerreichbarkeit des Absoluten der verändernden Arbeit geradezu ihre menschliche Würde. Auch von Bloch wird der »Hunger nach Sinn« an die »rastlose Arbeit« verwiesen, und noch den Rechtfertigungsproblemen, die der bisherige Geschichtsverlauf aufwirft, setzt er eine Hoffnung entgegen, »die sich mit der Empörung verbindet«. Machovec, dessen Rückgriff auf Jesus ja vor allem durch die moralischen Folgen der Doktrin des dialektischen Materialismus motiviert war, würdigt den biblischen Gottesgedanken als Ausdruck für das »mit seiner Sendung identische Ich« und findet ihn geschichtlich insoweit berechtigt, als er den Menschen »mit maximalem Anspruch zum Handeln verpflichtet«. Selbst für Jaspers, der in den Weisungen Jesu wenig Anhalt für eine Ethik der Weltgestaltung entdeckt, bleibt doch das Entscheidende, was er aus der Begegnung mit der Gestalt Jesu mitnimmt, sein »Appell« zur Wahrhaftigkeit und die existentielle »Betroffenheit von der Forderung« seines Ernstes. Bei Ben-Chorin war schließlich zu sehen, daß er der Ethik Jesu breite Aufmerksamkeit widmet, ohne indessen ihren eigentümlichen Zusammenhang mit der Basileia-Botschaft deutlich zu machen. Und um keine Möglichkeit aufkommen zu lassen, jemanden von der Erfüllung des Gesetzes zu dispensieren, lehnte er eine exklusiv-stellvertretende Bedeutung Jesu und das christliche Bekenntnis zu seiner Heilsmittlerschaft ab.

Den reichen Zügen der Humanität, die alle diese Jesusbilder beleuchten, braucht sich christliche Anthropologie keineswegs zu verschließen. Doch möchte sie gerade die besten Bestrebungen, die sie an ihren Zeitgenossen wahrnimmt und schätzt, auch nicht ohne den Sinn und die Verheißungen lassen, die sie aus ihrer eigenen Erinnerung schöpft. Oder theologisch formuliert: die Christologie widersetzt sich ihrer Unterordnung unter Anthropologie und Soteriologie ebenso wie ihrer Auflösung in eine (säkularisierte oder kirchliche) Pneumatologie, um *theologisch* zu bleiben. Obwohl auch ihr gilt, im Geist und in der Freiheit Jesu und für seine Sache, kurz: wie er aus der Gegenwart des Reiches Gottes zu leben, weiß sie diese Gegenwart doch aus einem Anfang ermöglicht und auf eine Zukunft hin offen, die sie wie Jesus (und indem sie an ihn erinnert) Gott zuerkennt und ihm überläßt.

3. Wenn die Christologie am Gott der Liebe als der Bestimmung des Menschen festhält und wenn sie die von Jesus ausgehende Geschichte der Freiheit als einzig angemessene Weise begreift, wie sich der in Jesus eröffnete Sinn dem Menschen mitteilen läßt, dann darf sie keines der Momente, die solche Geschichte konstituieren, außer acht lassen. Insbesondere ist die unbedingte Anerkennung eines Menschen nur dann wahrhaftig und »wirklich«, wenn sie sich in Handlungen ausdrückt, durch die sein Seinsollen und Seindürfen auch konkret möglich, durch die er also *in realer Weise* freigesetzt, d. h. seiner Freiheit ein Wirklichkeitsraum geschaffen wird, der die Möglichkeit seiner Selbstbestimmung erweitert. Freilich: alles, was dafür an Arbeit, Veränderung der Verhältnisse usw. geschieht, behält seine eigentlich humane Qualität nur, solange es den Charakter des *Symbols* trägt. Ebenso wie es einerseits Ausdruck des freien Subjekts ist, das sich in ihm ohne allen Zwang zur Selbstbehauptung und -bestätigung (und damit nur wieder der Knechtung des andern) darstellt, muß es andererseits auch immer das andere Subjekt »selbst« meinen, den Mitmenschen eben in seiner »absoluten« Bedeutung. Ein solcher Umgang mit den Dingen, durch den sie zur Manifestation einer Freiheit werden, die anderer Freiheit ihre Anerkennung vermittelt, ist durch Jesus selber nahegelegt. Er hat sich ja nicht nur mit Worten an die Menschen gewandt, sondern auch ihre bedrückenden Lebenssituationen in einer Weise verändert, daß sie aufatmen, Zutrauen fassen und sich befreit fühlen konnten. Seine Handlungen und Zeichen durchbrechen immer wieder die organisierten Zwänge und sprengen sogar die knechtende Wirklichkeit auf, um den Entfremdeten neuen Lebensraum zu gewähren. Sein gesamtes Verhalten ist Zeichen, das enthält, was es verspricht; und so darf man die Gestalt seines Lebens das Realsymbol (Rahner) nennen, in dem die Liebe Gottes erscheint[98].

---

[98] Es ist zu erwarten, daß Rahner mit dieser ausdrücklichen Verwendung des

Allerdings bringt die doppelte Dimensionalität, durch welche die wahrhaftige Vermittlung absoluten Sinnes geprägt sein muß, auch ihre geschichtlich unabschließbare *Vorläufigkeit* und unüberwindbare *Zweideutigkeit* mit sich. Eben wegen der Differenz, welche zwischen dem Selbst und jeder realen Bestimmung, die es sich selbst gibt oder durch andere erfährt, grundsätzlich besteht, wird absoluter Sinn in keiner seiner Erscheinungen eindeutig oder erschöpft. Liebe überwältigt nicht, weil sie einladen will; sie begnügt sich mit der Kraft ihrer situativen und symbolischen Evidenz. Wo ein Mensch sich »selbst« in der Einstellung objektivierender Skepsis verschließt, wird er sie nicht wahrnehmen können. Und was zwischen Menschen überhaupt gilt, gilt auch für Gott, der sich ihnen auf menschliche Weise mitteilen will: Indem er sich zur geschichtlichen Realität seiner Liebe bestimmte und ihr insofern verbindliche Eindeutigkeit gab, nahm er zugleich die Zweideutigkeit des Sichtbaren auf sich. Weil es ihm ernst war, band er sich an die Freiheit der Menschen und nahm es in Kauf, daß sie ihre Augen verschließen, ihre Herzen verstocken und ihn zur Rolle des Schwachen und Hilflosen verurteilen können.

Mit dem Merkmal der Zweideutigkeit hängt das andere zusammen, daß in

von ihm entwickelten Begriffs »Realsymbol« für das spezifische Menschsein Jesu einverstanden ist, zumal dabei vorausgesetzt bleibt, daß zur vollen Bestimmung des Lebens Jesu sein Tod und seine Auferweckung gehören. Die Fruchtbarkeit der Kategorie des Realsymbols für unseren Zusammenhang liegt darin, daß Rahner mit ihr die Unterscheidung von Gnade und Gnadenzeichen als getrennter Wirklichkeiten zu überwinden trachtet, indem er sie als zusammengehörende Momente eines sich geschichtlich bildenden Wesensvollzugs faßt: in dem Zeichen, das die Gnade eben als ihr Realsymbol hervorbringt, kommt sie selbst zur Vollendung. Der menschgewordene Logos ist nicht nur die Offenbarung dessen, »was Gott in sich selbst ist, sondern auch das ausdrückende Da-sein dessen, was (oder besser: wer) Gott in freier Gnade der Welt gegenüber sein wollte«. Die Menschheit Jesu gilt Rahner sogar so wenig als nur äußerliche und zufällige Vermittlung der Gnade, daß sie vielmehr noch in der eschatologischen Vollendung das Symbol sein wird, in dem Gott selbst als die Wirklichkeit des Heils anwesend ist. Zu fragen bliebe allerdings, welche Tragweite die Einsicht in den realsymbolischen Charakter der Offenbarung für ein Denken gewinnen kann, das gleichzeitig eine gnadenhafte (doch nicht geschichtlich vermittelte) »wirkliche Gegebenheit Jesu Christi« als Implikat jedes menschlichen Daseinsvollzugs fordert. Doch sei hier – statt diese Frage im einzelnen zu entwickeln – nur die Vermutung geäußert, daß die einzigartige Bedeutung der *Geschichte* Jesu Christi wohl nur gedacht werden kann, wenn sie als angemessene Gestalt der Wahrheit, die eben nur in ihr für die Menschen Wirklichkeit werden konnte, einsichtig wird. Vgl. *K. Rahner*, Zur Theologie des Symbols, in: *ders.*, Schriften zur Theologie IV, Einsiedeln [2]1961, 275–311; *ders.*, Der eine Jesus Christus und die Universalität des Heils, in: Schriften zur Theologie XII, Einsiedeln 1975, 251–282.

Jesus die Realität absoluten Sinnes erst beginnt. Obwohl sein Leben ein Zeichen darstellt, wie überhaupt nur ein menschliches Dasein dies sein kann, steht es doch unter dem Vorbehalt der Vorläufigkeit. Es ist auch darin Symbol, daß es absoluten Sinn erst aufscheinen läßt, ohne die Bedingungen wegzunehmen, die seine volle Realisierung noch hindern. Es steht selbst als ganzes unter der Fraglichkeit seines Scheiterns, in dem die Verhältnisse des Egoismus, der Macht und schließlich des Todes ihre faktische Geltung behaupten. Schenkt man ihm dennoch den Glauben, daß es den unverbrüchlichen Anfang der Geschichte absoluten Sinnes darstellt, dann hat dies seinen Grund in dem Zeugnis, Gott habe sich mit der Geschichte dieses Jesus durch seine Auferweckung identifiziert und sie so selber weitergeführt. Denn damit war ein Zeichen gesetzt, das durch kein Scheitern mehr widerlegt werden kann. In der Tat hat Gott die Bedeutung Jesu und damit die Sinnmöglichkeit des Menschen erst in der Auferweckung Jesu endgültig bestimmt, dadurch nämlich, daß er der von ihm anerkannten Freiheit *wirkliche Zukunft* verlieh. Zugleich hat er sich in ihr *selber* verifiziert, so jedenfalls, wie dies für Menschen überhaupt geschehen kann. Denn obwohl »Auferstehung von den Toten« selbst noch eine nur metaphorische und zudem geschichtlich vermittelte (nämlich jüdisch-apokalyptische) Vorstellung ist, stellt sie doch in so unüberbietbarer Weise den Ausdruck menschlicher Hoffnung auf unverfügbar-endgültigen Sinn dar, daß ihre Verwirklichung als Realsymbol Gottes selber betrachtet und durch sie die menschliche Vorstellung von ihm geradezu definiert werden darf[99].

---

[99] Dies ist nicht so zu verstehen, als ob die Auferstehungsmetapher die Fülle des eschatologischen Heils erschöpfend vorstellte und durch sie die zahlreichen übrigen Bilder biblischer Verheißung bedeutungslos würden. Gleichwohl ist gerade sie für den christlichen Glauben charakteristisch und unersetzbar: einmal, weil sie eine Sinnzukunft vorstellt, die sich am einzelnen von Gott angenommenen Menschen selber erfüllt, zum anderen, weil sie – indem sie den Tod als Grenze menschlicher Sinnverwirklichung in den Blick faßt – die Unverfügbarkeit endgültigen Heiles thematisiert und damit auf Gott selber als absoluten Sinngrund verweist. In der Auferweckung Jesu wird offenbar, »wer Gott ist: derjenige, dessen Macht Leben und Tod, Sein und Nichtsein umgreift, der schöpferische Liebe und Treue ist, die Macht des neuen Lebens, auf den deshalb auch noch im Zerbrechen aller menschlichen Möglichkeiten unbedingter Verlaß ist ... In der Auferweckung Jesu von den Toten hat Gott seine Treue in der Liebe erwiesen« (*W. Kasper*, Jesus der Christus, 169). »Durch das Sterben Jesu ist dem Tode die Macht genommen, von Gott zu trennen. Denn durch seine Auferweckung wurde Jesus in seiner Verbundenheit mit Gott von Gott selbst her bestätigt ... Darum ist im Tode Jesu die Liebe Gottes zur Welt offenbar« (*W. Pannenberg*, Tod und Auferstehung in der Sicht christlicher Dogmatik, in: Kerygma und Dogma 20 [1974], 167–180, 178).

Erst das Auferstehungszeugnis berechtigt also dazu, in Jesus den definitiven Beginn der Geschichte absoluten Sinnes zu sehen. Das Bewußtsein ihres Anfangscharakters indessen kann christliche Soteriologie gegen Tendenzen schützen, die namentlich die marxistisch orientierten Denker immer wieder an ihr kritisieren. Denn wenn Erlösung die Freisetzung des Menschen zu eigenständigem sinnvollem Handeln bedeutet, dann ist Geschichte mehr als nur der Raum des Ausharrens und allenfalls einer (für sie selbst belanglosen) Bewährung, mehr allerdings auch als die Entwicklung einer im Begriff als notwendig antizipierten Versöhnung. Vielmehr bleibt sie als offene dem Menschen zur eigenen verantwortlichen Gestaltung überlassen, diese jedoch wird – befreit von der Last, dem Menschen seine Bedeutung garantieren zu müssen – vermutlich menschlicher werden können. Selbst der Glaube, daß Gott noch Möglichkeiten hat, wo Menschen von einem letzten Scheitern bedroht sind, muß nicht zu einer Vergleichgültigung der Geschichte führen, wenn anders man das »künftige Leben« gerade dadurch bestimmt sieht, daß in ihm alle geschichtliche Sinnverwirklichung und ihre Träger endgültig bewahrt und anerkannt werden.

Es dürfte einer Überlegung wert sein, ob die Realität der persönlichen Zukunft und der künftigen Welt, die der Auferstehungsglaube erhofft, nicht sogar umgekehrt als starkes Motiv für die »Treue zur Erde« (Nietzsche) und die »Affirmation der menschlichen Situation in der Welt« (Kolakowski) wirksam sein kann. Schon bei den Vertretern des offenen Marxismus zeigte sich ja, daß sie in dem Maße, wie sie die Sinnfrage aufwarfen, auf Positionen des Existentialismus zurückkamen. Der Ernst und die Tapferkeit des Subjekts, das durch seine Vermittlung mit der endlichen Wirklichkeit seine Identität zu gewinnen trachtet, nötigen allerdings Bewunderung ab. Dennoch nannte Gardavsky in abschließender Betrachtung das Dasein absurd. Die Jaspersssche Existenzphilosophie formulierte die Differenz von Existenz und Welt sogar so prinzipiell, daß tragisches Scheitern als die eigentliche Bestimmung des Menschen hervortrat und Nichtigkeit sich als die Wahrheit der Dinge enthüllte. Zu erwähnen wären in diesem Zusammenhang ferner die Denker der »kritischen Theorie«: sie reflektieren die Entfremdung des Menschen zwar als Resultat der von ihm selbst gemachten Geschichte, einer Aufklärung nämlich, die ihre ursprünglichen Ideale im Prozeß ihrer Verwirklichung liquidierte[100]; doch zeigt sich ihre Feststellung

[100] Vgl. *M. Horkheimer / Th. W. Adorno*, Dialektik der Aufklärung. Philosophische Fragmente, Frankfurt 1969 (Neupublikation).

der Ohnmacht der Vernunft und der Bedrohung des Subjekts bisweilen von einer unerlösten Trauer durchstimmt, die geradezu metaphysisch anmutet und an das Weltgefühl der alten Gnosis erinnert[101]. Unübersehbar sind schließlich die zahlreichen Versuche gegenwärtigen Bewußtseins, sich der Geschichte überhaupt zu verweigern, sich angesichts der Verhältnisse entweder in stoischer Genügsamkeit selbst zu bewahren oder in einer kultivierten privaten Sphäre zu überdauern. Kurz: dasselbe Subjekt, das in der Neuzeit seine Sinnverwirklichung immer entschiedener als eigene Sache begriff, zeigt heute, sofern es sich seiner überhaupt noch bewußt ist, die unverkennbare Neigung, sich auf sich selber zurückzunehmen, um in der Entfremdung nicht unterzugehen; der Abstraktheit und Scheinhaftigkeit seines Daseins entspricht die Anonymität einer zunehmend sich selbst überlassenen Geschichte, in deren undurchschauten Notwendigkeiten seine Entzweiung fast vollkommen wird. Wollten Christen in solcher Situation die Realität einer künftigen Erlösung bloß behaupten, käme dies allerdings einem Verrat an der Gegenwart gleich. Wenn dagegen der Glaube, daß Gott seiner Schöpfung treu ist und die Zukunft jedes Menschen in ihm geborgen, ihnen die Angst um die eigene Identität nehmen und sie ermutigen würde, die Wirklichkeit so, wie sie ist, als Aufgabe zu übernehmen und in der Arbeit an ihrer Aufhellung und Versöhnung auszuhalten, ohne sich von der stillen Verzweiflung besiegen zu lassen – dann wäre jeder Ideologieverdacht gegenstandslos. Oder wiederum theologisch gesagt: gerade im Blick auf Jesus Christus, der die Entfremdung nicht scheute (Phil 2), bekennt christlicher Glaube die messianische Qualität der Geschichte und entzieht sich ihrer Forderung nicht[102]; *eben darin* bewahrt und bewährt er die apokalyptische Hoffnung, daß Gott selber seine Welt vollenden und alles neu machen wird. Eine lediglich praesentische Eschatologie jedoch, welche die Zukunft Gottes zur Zukünftigkeit des Augenblicks relativieren und als Moment in den Vollzug immanenten Transzendierens aufheben wollte, müßte sich ihrerseits Rechenschaft geben, wie lange sie der Versuchung zu neuer (vielleicht sublimerer) Spiritualisierung und der Beschwörung ästhetischer Surrogate widerstehen oder (im überzeugend-

---

[101] Vgl. *G. Rohrmoser,* Das Elend der kritischen Theorie, Freiburg 1970, bes. 23 u. 103 ff; *W. Post*, Kritische Theorie und metaphysischer Pessimismus. Zum Spätwerk Max Horkheimers, München 1971, bes. 126 ff; *M. Theunissen,* Gesellschaft und Geschichte, Zur Kritik der kritischen Theorie, Berlin 1969.

[102] Vgl. *D. Sölle,* Gottes Selbstentäußerung. Eine Meditation zu Philipper 2, 5–11, in: *dies.*, Atheistisch an Gott glauben, 9–25.

sten Fall) der Eindeutigkeit einer Philosophie der Absurdität ausweichen kann.

4. Die bisherigen Überlegungen zur Eigenart des christlichen Glaubens hatten vor allem die nichtchristlichen Jesusrezeptionen als Gesprächspartner und Alternativen im Blick. Angesichts der von ihnen zu vernehmenden Kritik war keine Selbstdarstellung der Christologie möglich, die nicht zugleich selbstkritische Akzentuierungen vornahm. Gleichwohl kam es ihr darauf an, durch die Einsicht in die Zusammengehörigkeit von Inhalt und Form der Christologie den Nachweis zu führen, daß sie nur als ganze zur Diskussion gestellt werden und insbesondere einen eigenen schöpferischen und kritischen Beitrag in den Traditionsprozeß Jesu nur einbringen kann, wenn sie ihre durch die entfalteten Grundbestimmungen konstituierte Identität wahrt. Allerdings wäre nun auch noch zu prüfen, wieweit sich die vorgetragenen Thesen im Gesamtzusammenhang der theologischen Systematik bewähren.
Zur Ergänzung des Gesagten soll deshalb noch eine Bemerkung angefügt werden, die wenigstens einem der naheliegenden Bedenken begegnet. Eine Auffassung – so könnte eingewandt werden –, die so stark wie die vorgetragene die Mitteilung absoluten Sinnes an die von Jesus ausgehende und ausdrücklich auf ihn bezogene Geschichte binde, müsse auf eine christologisch und ekklesiologisch verengte Sichtweise zulaufen, die das freie Walten des Geistes Gottes außerhalb des ausdrücklich christlichen Glaubens und insbesondere die Religionsgeschichte nicht zu würdigen wisse und in raffinierter Weise das verhängnisvolle Dictum »extra ecclesiam nulla salus« rehabilitiere. Diesem Einwand läßt sich nicht mit der Gegenfrage ausweichen, wie denn anders als in der versuchten Weise die Unableitbarkeit und bleibende Verbindlichkeit der Offenbarung in Jesus Christus gedacht werden solle. Vielmehr gilt es zu klären, ob sich im Einklang mit dem bisher Gesagten die Beziehung der Religionen zum Christentum und letztlich das Verhältnis von *Schöpfung und Bund* (Barth) bzw. von *Anthropologie und Christologie* (Rahner) angemessen verdeutlichen läßt.

Nur soviel sei dazu aus theologischer Perspektive gesagt: Wenn der christliche Glaube zu Recht den Gott Jesu Christi auch den Schöpfer und Herrn aller Wirklichkeit nennt, dann muß diese durch eine reale Beziehung zu ihm geprägt sein, dann ist es insbesondere naheliegend, das eigentümliche Wesen des Menschen, des »ersten Freigelassenen der Schöpfung« (Herder), als durch die Relation zum lebendigen Gott konstituiert zu begreifen.

Gerade in seinem absoluten und unverwechselbaren Selbstsein, das seinen Ausdruck in der Fähigkeit findet, sich zu sich selbst und zum Ganzen der Wirklichkeit und darin zum absoluten Geheimnis des Daseins (Rahner) verhalten zu können, wäre er von Gott aufgerufen. Schon dieses ursprüngliche Verhältnis, durch das Gott den Menschen erst schafft, indem er ihn an sich selber freigibt, wäre als ein Verhältnis *im Geist* zu begreifen; als eine Beziehung zugleich, in der auch Gott freibleibt, seine Nähe und Gegenwart mitzuteilen, wie er will. Diese Voraussetzung bietet die Möglichkeit, im Rahmen der *Pneumatologie* nicht nur der Religionsgeschichte ihr Recht widerfahren zu lassen, sondern auch schon in ihr mit (wenn auch nur vorläufiger) Offenbarung zu rechnen. Und unter der Voraussetzung des allgemeinen Heilswillens Gottes versteht sich von selbst, daß der Mensch sein Heil wirkt, wann immer er sich – seinen geschichtlichen Möglichkeiten gemäß – Gott begegnen läßt und ihm zu antworten sucht: im unbedingten Ernst sittlichen Handelns und der Suche nach Wahrheit, in der Begeisterung für die Schönheit der Welt wie in der Annahme ihrer dunklen Abgründigkeit, in der Öffnung zum Mitmenschen, der dankbaren und auch in der Angefochtenheit treuen Bejahung des eigenen Lebens und bei all dem in der Betroffenheit von dem Geheimnis, das ihn trägt und umgreift.

Dennoch behält der Gedanke sein Recht, daß Gott, um sich dem Menschen als unbedingte Liebe und d. h. *endgültig* offenbaren zu können, selber das Leben eines Menschen annehmen mußte. Die an sich durchaus ewige Wahrheit (Gott ist Liebe) mußte unsere Wirklichkeit werden, um unsere definitive Wahrheit zu sein. Nur so konnte Gott die Freiheit des Menschen wirklich bestimmen und sich zugleich als ihr Gott unterscheiden. Ohne die *Wirklichkeit* solcher dem Menschen entgegenkommenden Vermittlung müßte ihm die Herkunft seines Angesprochenseins anonym, sein unendliches Fragen haltlos, seine Freiheit letztlich zweideutig und unerfüllt und Gott selbst unbekannt bleiben. Ohne die *Angewiesenheit* auf solche Vermittlung jedoch wäre die Religionsgeschichte nicht mehr als der Weg, auf dem die Menschheit sich ihrer Einheit mit Gott als des eigenen Wesens bewußt wird und zuletzt die Unterscheidung von Gott und Mensch selbst überwindet. In der Tat können die Religionen einen Gott unbedingter (und bes. vergebender) Liebe zum Menschen höchstens hoffend antizipieren, wenn sie ihm selber nicht vorgreifen wollen. Ihre eigentümliche Gefährdung dürfte eben in der Versuchung bestehen, den göttlichen Willen verfügbar und dingfest zu machen oder sich – so besonders in ihren Spätphasen – als menschliche Weisheitslehre zu bescheiden und darin selbst zu genügen. In doppelter Weise hat demnach Jesus Christus die Religionsgeschichte und den in ihr Gott und sich selbst suchenden Menschen zur Erfüllung und in ihre Wahrheit gebracht: zum einen, weil in ihm die bloß abstrakte und in ihrer Realisierung gefährdete Freiheit (oder Freigelassenheit) des Menschen absolut anerkannt und damit zur Wirklichkeit der Liebe bestimmt wurde; zum andern, weil Jesus im selben Maß, wie er Gott nahebrachte und an seine Person band, doch von sich weg auf ihn selber verwies und ihn gerade so als Gott offenbarte, ihn als den Herrn der Wirklichkeit und der Zukunft von allem Geschöpflichen definitiv unterschied und die Begegnung der Menschen untereinander als die Stätte auszeichnete, an der Gott angetroffen sein und ankommen will.

Erst in Jesus Christus also wird offenbar, daß schon die Schöpfung aus Liebe geschah. Aber wenn dies auch an ihr allein noch nicht eindeutig ablesbar war, so ermöglichte das ursprüngliche Angesprochensein des Menschen doch allererst die Geschichte, in welcher Gott den Menschen konkret als Menschen und doch auf sich selber als Gott hin ansprechen konnte. Ohne diese Voraussetzung bliebe die Wahrheit des christlichen Glaubens schlechthin unverständlich und extrinsezistisch. Weil Gott in sein *Eigentum* kam, konnte der Mensch ihn aufnehmen; doch mußte er *selbst* kommen, wenn seine Liebe frei bleiben sollte; und er mußte als *Mensch* kommen, wenn er die Herrschaft seiner Liebe realisieren und in ihr die Berufung des Menschen zur Freiheit vollenden wollte. In Jesus, seinem Sohn, verwirklichte Gott unwiderruflich, wozu er als Schöpfer im Geist die Möglichkeit schuf. Seitdem ist die Gegenwart des Geistes selber endgültig geschichtlich bestimmt. War er vorher der Geist Jesu Christi in dem Sinn, daß er den Menschen auf ihn hin disponierte, so jetzt in der Weise, daß er an Jesus erinnert und zugleich – auf dem Wege geschichtlicher Begegnung des christlichen Glaubens mit aller religiösen und menschlichen Wahrheit – in die unerschöpfte Fülle Christi einführt. Je mehr die Kirche ihrer Berufung auf diesen Weg folgt und dabei auf ihren Herrn sowie seinen allgegenwärtigen Geist zu achten versucht, wird sie der Versuchung des Integralismus standhalten können. Sie wird mit der empfangenen Offenbarung ihren Auftrag für die Vollendung der Geschichte erkennen und sich schon aus Dankbarkeit dazu gedrängt fühlen, sie keinem Menschen vorzuenthalten. Aber weil sie weiß, daß sich Gottes Möglichkeiten nicht in ihren Bemühungen erschöpfen, braucht sie keinen Anspruch exklusiver Heilsnotwendigkeit zu errichten. Auch wenn sie die Anhäufung von Schuld und Verblendung in der Menschengeschichte und ihre Aporien nicht übersieht, hat sie es dennoch nicht nötig, die vielfältigen geglückten menschlichen Sinnversuche herabzusetzen. Denn sie darf ja in jedem Fall davon ausgehen, daß die Menschen zu Gottes Bundesgenossen (Barth) geschaffen[103] und deshalb für die ausdrückliche Mitteilung seiner Liebe ansprechbar sind.

Die Folgen, welche solche Überlegungen für die theologische Systematik und insbesondere für die Trinitäts- und Schöpfungslehre einschließen, lassen sich an dieser Stelle nicht weiter erörtern. Für die Vermittlung der Christologie sind jedoch die anthropologischen Konsequenzen bedeutsam. Hier kam es zwar nur darauf an, im Rahmen einer Pneumatologie das Bemühen, die philosophische Anthropologie als »Grammatik« der Christologie (K. Rahner, ähnlich W. Kasper) in Anspruch zu nehmen[104], theologisch zu rechtfertigen. Doch erst, wenn die Philosophie in eigener Instanz den Horizont formuliert, aufgrund dessen der Mensch für Gott ansprechbar ist, und nur, wenn sie gleichzeitig einsieht, daß sie das Geschehen der Offenbarung selbst nicht vorwegnehmen oder ablösen kann, sind die anthropologischen Implikationen der Christologie auch philosophisch verifiziert (These V). Wenn es ein und dieselbe Wirklichkeit ist, die Theologie und Philosophie zum Gegenstand haben, wird man sich auf die damit gestellte Aufgabe einlassen müssen.

5. Nach der soeben erfolgten Ausweitung der Perspektive dürfte eine rekapitulierende und (zu Teil B) überleitende Besinnung angebracht sein:

Die von Jesus Christus ausgehende Geschichte der Freiheit ist in der Entfaltung der dritten These als die Weise einsichtig geworden, in der allein die in ihm geschehene Bestimmung des Menschen diesem mitgeteilt werden kann. Ebenso deutlich wurde jedoch, daß diese Geschichte, die absoluten Sinn vermittelt, indem sie ihn in der Weise Jesu realisiert, der Erinnerung an ihren Anfang bedarf, wenn anders sie ihre göttliche Begründung und damit ihren spezifischen Inhalt sowie ihre Verheißung nicht einbüßen soll. Diese besondere Aufgabe nimmt die christliche Verkündigung für die von Jesus ausgehende Geschichte ausdrücklich wahr (These II). Durch ihre Herkunft aus dem Osterzeugnis ist sie kirchlich gebunden, ebensosehr aber – weil sie Jesu *eschatologische* Bedeutung verkündet – universal ausgerich-

---

[103] *K. Barth,* Die kirchliche Dogmatik III/2, Zollikon / Zürich 1948, 242–391 (»Der Mensch in seiner Bestimmung zu Gottes Bundesgenossen«).
[104] Vgl. *K. Rahner,* Zur Theologie der Menschwerdung, 149; *W. Kasper,* Jesus der Christus, 53 u. 61.

tet und darin doch – weil sie den *geschichtlichen* Anbruch des Eschaton, eben die Bedeutung *Jesu* bekennt – immer auf sein irdisches Dasein bezogen (These I). Weil sie in ihm, den Gott auferweckt hat, den geschichtlichen Anfang des unverfügbaren endgültigen Sinnes der Geschichte wahrnimmt, kann sie seine Bedeutung nicht vergegenwärtigen, ohne an ihn zu erinnern; weil sie in seinem Leben die *Liebe Gottes* erkannt hat und in seiner Auferweckung Gottes Treue verbürgt sieht, darf sie ihre Wahrheit in keiner bloß ideellen Wirkungsgeschichte aufgehen lassen (These III). Der Überhang der Verheißungen, deren wirklichen Beginn sie bezeugt, macht vielmehr jede ihrer Vermittlungsbemühungen immer auch kritisch und jeden Vergegenwärtigungsversuch zugleich innovatorisch.

Das Verfahren der Christologie, wie es die beiden ersten Thesen festgestellt hatten, ist nunmehr also auch aus ihrem Inhalt begründet. Das Unterscheidende des christlichen Traditionsprozesses liegt eben darin, daß er eine Wirklichkeit zu vermitteln sucht, die ihre Identität nur bewahrt, wenn sie in ihrer geschichtlichen Gegebenheit und der darin erfolgten Bestimmung anerkannt bleibt. Wie die frühe Kirche durch die Kanonbildung versucht die Theologie heute insbesondere durch historische Bemühungen diesem Sachverhalt Rechnung zu tragen. Zwar kann sie in dieser Perspektive allein eine endgültige Bedeutung Jesu noch nicht begründen, wohl aber vermag sie den wirklichen Anhalt zu zeigen, den die nachösterliche Deutung Jesu in seinem irdischen Auftreten besitzt. Vor allem aber muß sie an die Gestalt seines Lebens als die verbindliche Weise erinnern, in welcher der absolute Sinn des Menschen allein realisiert werden kann.

Um ihrer Wahrheit und deren angemessener Vergegenwärtigung willen ist die Christologie also verpflichtet, auf Jesus zu sehen und ihn selber zu hören. Jesusrezeptionen dagegen, die auf das Osterzeugnis und damit auf die eschatologische und theologische Bedeutung Jesu verzichten, ihn vielmehr von vorneherein als Chiffre (Jaspers), Zeichen (Bloch), Wesenstatsache (Kolakowski), Symbol (Gardavsky) oder Gleichnis (Ben-Chorin) ihrer jeweiligen Idee vom Menschen beanspruchen, mögen in solcher Absicht wohl auch großzügiger mit dem geschichtlichen Material umgehen können. Sofern sie aber an einer maßgeblichen Bedeutung Jesu festhalten, zehren sie gewöhnlich von seiner konventionellen Autorität, die im Bestreitungsfall von ihnen nicht mehr begründbar sein dürfte. Sie müßten sie dann entweder bloß dezisionistisch behaupten oder eben von apriorischen Maßstäben abhängig machen und hätten sie auch damit bereits im Ansatz relativiert.

Bei ihren Aufgaben wird die christliche Verkündigung von der wissenschaftlichen Theologie unterstützt. Diese kann sich nun allerdings nicht darin genügen, auf die Eigentümlichkeit des Glaubens zu reflektieren und seine innere Stimmigkeit zu entwickeln. Vielmehr wird sie ebensosehr seinen Anspruch auf Wahrheit und Relevanz zu verantworten suchen. Deshalb muß sie, weil es ihr auf die geschichtliche Gestalt und Wirklichkeit absoluten Sinnes in Jesus ankommt, in *historischer* Argumentation zeigen, wie er die Gegenwart der Basileia auslegte und dabei den endgültigen Anspruch, den seine Auferweckung rechtfertigte, wirklich erhob (These IV); in *philosophischer* Argumentation muß sie dartun, inwiefern jeder Mensch auf den in Jesus eröffneten Sinn, obwohl er seine eigenen Möglichkeiten übersteigt und vielleicht sogar seine aktuellen Hoffnungen überbietet, dennoch ansprechbar ist (These V); die christliche *Praxis* schließlich, ohne die alle Verkündigung unwirksam wäre, muß sie immer neu auf das Beispiel Jesu verpflichten, damit die in ihm offenbare Bestimmung der Menschen überzeugend verwirklicht und so überhaupt zugänglich wird (These VI). Denn es genügt nicht, spekulativ die Implikationen des Christusereignisses zu entfalten und Recht und Notwendigkeit einer Kirche überhaupt abzuleiten, ohne diese auf ihrem Weg zugleich daran zu erinnern, wie Jesus Gott nahegebracht und seine Menschenfreundlichkeit vorgelebt hat.

B. ZUR VERMITTLUNG DER CHRISTOLOGIE

IV. DIE UNÜBERBIETBARE ZUWENDUNG GOTTES ZUM MENSCHEN
(Historische und hermeneutische Fragen)

THESE: Alle besprochenen Jesusrezeptionen stimmen darin überein, Jesu Bedeutung in der Möglichkeit sinnvollen Menschseins, die er lebte, zu sehen und sich dabei (in mehr oder weniger scharfer Wendung gegen seine kirchliche Deutung) auf seine irdische Existenz zu beziehen. Ihre Unterschiede illustrierten allerdings, wie sehr das jeweilige anthropologische Vorverständnis die Darstellung leitete. Freilich ist eine solche Vormeinung Voraussetzung jedes aneignenden Verstehens; jede Auslegung, auch noch wo sie historisch argumentiert, bleibt – zumindest in der Ausgrenzung und Anordnung des für sie relevanten Materials – im hermeneutischen Zirkel befangen. Die Christologie muß jedoch Wert darauf legen, sich auf seine Unausweichlichkeit nicht zu früh zu berufen und so vorschnell die Diskussion zu beenden, gerade weil sie die Erkenntnis wahren Menschseins an Jesus bindet. Auch wenn erst die Auferweckung Jesu seine Bedeutung (d. h. die Bestimmung des Menschen, die er eröffnete, sowie die Vollmacht, in der er dies tat) endgültig erwies, muß diese – wie dargelegt – schon aus theologischen Gründen eine Kontinuität (und – sofern die Theologie argumentieren will – sogar überprüfbare Kontinuität) zu Verkündigung und Verhalten des irdischen Jesus aufweisen.

Im Gespräch mit Nichtchristen kann die Theologie die historische Rückfrage allerdings nur aufgrund allgemein hermeneutischer Erwägungen fordern[105]. Wenn nun ein deutliches Verständnis dessen, was ein Mensch in der Gesamtheit seiner Äußerungen ausdrückte, zunächst in jedem Fall die Artikulation des ihm selbst zugehörigen Sinnhorizontes verlangt, wie er sich aus diesen Äußerungen selber und aus der Situation, in der sie gescha-

[105] Vgl. zum folgenden *H.-G. Gadamer,* Wahrheit und Methode. Grundzüge einer philosophischen Hermeneutik, Tübingen ²1965, bes. 250 ff; *W. Pannenberg,* Hermeneutik und Universalgeschichte, in: *ders.,* Grundfragen systematischer Theologie, 91–122; *ders.,* Über historische und theologische Hermeneutik, aaO. 123–158.

hen, rekonstruieren läßt, dann darf auch *die* Interpretation *Jesu* als angemessenste gelten, welche zunächst alle erreichbare Jesustradition am umfassendsten berücksichtigt, sodann die Scheidung der Quellen und Traditionsschichten am exaktesten durchführt und schließlich die als authentisch eruierte Jesusüberlieferung am zusammenhängendsten aus sich selbst und (in ihren unausdrücklichen Implikationen) aus der Situation, in der Jesus auftrat, zu erschließen vermag. Dabei darf das Prädikat der Authentizität nicht von vorneherein nur dem vorbehalten sein, worin Jesus die Auffassungen seiner Umwelt nicht teilte; auch wenn die Überlieferungen dort die historisch am meisten gesicherten Aussagen über den irdischen Jesus erlauben, wo sie von Abweichungen in seinem Verhalten berichten, setzen diese doch ihrerseits Gemeinsamkeit noch einmal voraus, um überhaupt als solche verständlich zu werden.

Insofern nun freilich jedes gegenwärtig aneignende Verstehen davon ausgehen darf, daß sich die Bedeutung des Auftretens und der Verkündigung Jesu (wie die jedes geschichtlichen Ereignisses) in dem ihm nächsten Sinnhorizont nicht erschöpft, kommt es ohne »Übersetzung« in die eigenen Verständnismöglichkeiten nicht aus. Diese werden sich jedoch im Verstehensvorgang, wenn er das gekennzeichnete historische Bemühen einschließt, selber erweitern. Je weniger eine gegenwärtige Darstellung der Bedeutung Jesu an dem historischen Befund als unverständlich, unzumutbar, »irrtümlich« (Machovec) usw. bezeichnen und deshalb als unübernehmbar ablehnen muß, desto mehr bleibt sie an Jesus selber orientiert. In vielen Fällen dürfte es redlicher sein, die Fremdheit Jesu anzuerkennen, als ihn um jeden Preis zu adaptieren.

Wenn schließlich die Christologie daran festhält, daß eine Darstellung der Bedeutung Jesu und des durch ihn eröffneten Menschseins vom Zeugnis seiner Auferweckung nicht absehen kann, dann darf sie sich ihrerseits mit der – den genannten Grundsätzen folgenden – Rückfrage nach Jesus noch nicht begnügen. Vielmehr ist ihr darüber hinaus auferlegt, die Glaubwürdigkeit des Osterzeugnisses selbst darzulegen. Auch diese Aufgabe jedoch schließt (neben grundsätzlichen Überlegungen hermeneutischer und anthropologischer Art) historische Untersuchungen ein.

1. Mit der These sind nur allgemeinste Richtlinien genannt, von denen eine Deutung des Menschen, die zugleich Auslegung Jesu sein will, geleitet sein müßte. Weder kann die ihnen entsprechende Methodologie hier entwickelt noch gar die historische Arbeit selber geleistet werden. Indessen

erscheint bereits eine Zustimmung aller behandelten Jesusautoren zu diesen Grundsätzen nicht sicher. Mit der Absicht z. B., Jesus nur als Wesenstatsache (Kolakowski) oder als Symbol für eine bestimmte (und schon vorgängig bekannte) Struktur des menschlichen Bewußtseins (Gardavsky) in Anspruch zu nehmen, läßt sich eine Bagatellisierung der historischen Problematik durchaus vereinen. Nur sollte man in solchen Fällen dann damit rechnen, daß die Entscheidungen im Gespräch über den Menschen, auch wenn es an Jesus anknüpft, vermutlich in anderer Instanz als der historischer Untersuchung fallen.

Die kirchliche Jesusdeutung (und die christliche Anthropologie) dagegen steht und fällt damit, daß sich ihre Voraussetzung, Jesus habe die mit ihm eröffneten Möglichkeiten des Menschseins aus dem Zusammenhang seiner Reich-Gottes-Predigt erklärt und in der *eschatologischen Zuwendung Gottes zum Menschen* begründet, historisch einlösen und zudem das Zeugnis der Auferweckung, die den in solchem Eröffnen implizierten Anspruch rechtfertigte, als glaubwürdig darstellen läßt. Über die bisher (besonders im Kapitel über Ben-Chorin) verlauteten Andeutungen hinaus kann diese Aufgabe von diesen Thesen, die primär eine systematische Absicht verfolgen und lediglich von einem gewissen Konsens der exegetischen Forschung ausgehen, natürlich nicht angefaßt werden. Insofern bleiben auch sie hypothetisch und bedürfen der historischen Verifikation.

Nur eine Bemerkung zur *Vollmachtsfrage* soll hier noch angefügt werden, da sich die diesbezügliche Diskussion häufig auf die sogenannten Hoheitstitel im Munde Jesu und auf sein Gesetzesverhalten beschränkt. Derartige Untersuchungen sind für die Fixierung des (expliziten oder impliziten) Anspruchs Jesu im jüdischen Kontext zweifellos wichtig. Für eine Darstellung seiner Bedeutung unter anderen Voraussetzungen aber wäre sodann die Frage noch wesentlicher, ob sich aufgrund seines gesamten Auftretens die allgemeinere Aussage rechtfertigen läßt, Jesus habe für sein Verhalten und in seiner Verkündigung einen Gott in Anspruch genommen, den er als Gott unbedingter und zuvorkommender Liebe zum Menschen auslegte. Denn bereits darin wäre ein Anspruch enthalten, der sich auch ohne Rekurs auf spezifisch jüdische Voraussetzungen verdeutlichen ließe: ein Mensch hätte dann nämlich eine Wahrheit als gegenwärtige Wirklichkeit behauptet, die er von sich aus allenfalls als Möglichkeit erhoffen dürfte, wenn anders sie ihm nur von Gott selber gesagt werden kann (vgl. These III).

Dieselbe Überlegung könnte außerdem helfen, den *Sinn der Reich-Gottes-Verkündigung* zu vermitteln, ohne ihn notwendig an Jesu Erwartung des zeitlich unmittelbar bevorstehenden Endes zu knüpfen. Denn wenn es erlaubt ist, die Gegenwart der Basileia, wie sie Jesus darstellt, als Wirklichkeit der unbedingten und zuvorkommenden Liebe Gottes zum Menschen zu interpretieren, dann bliebe ihr nicht nur als gegenwärtiger das Merkmal der Unverfügbarkeit erhalten, sondern sie könnte, ja müßte auch noch als zukünftige von Gott erhofft werden; denn nur so kann sie dem unwiderruflich angenommenen Menschen wirkliche Zukunft gewähren und sich darin stärker erweisen als die Mächte der Schuld und des Todes, welche die Möglichkeiten des Menschen begrenzen und unwiederbringlich verloren sein lassen. Der apokalyptische Glaube an den Gott, der alles neu macht, würde mit dem Verzicht auf die Vorstellung der Naherwartung also keineswegs gegenstandslos; gleichwohl bliebe die Redeweise von der eschatologischen Zuwendung Gottes in Jesus vollauf berechtigt, nicht nur, weil sie durch seine Auferweckung gerechtfertigt wird, sondern weil diese Rechtfertigung eben das Moment der Endgültigkeit bekräftigt und einlöst, welches schon der Inhalt der Verkündigung des irdischen Jesus in sich beschließt, sofern nämlich über den Gott der Liebe hinaus, wie Jesus ihn nahegebracht hat, ein größerer nicht einmal gedacht werden kann[106].

[106] An dieser Stelle wird besonders deutlich, warum dieses Kapitel von einer *unüberbietbaren* Zuwendung Gottes zum Menschen spricht. Denn dieser Ausdruck versucht, der geschichtlichen Gegebenheit der durch Jesus Christus eröffneten Sinnmöglichkeit ebenso wie seiner universalen Bedeutung Rechnung zu tragen. Steht nämlich eine Vergewisserung dieser Bedeutung durch transzendental-anthropologische Überlegungen in der Gefahr, die Geschichte Jesu Christi zur bloßen Affirmation einer Wahrheit zu nivellieren, die dem Menschen als solchem eignet und (zumindest prinzipiell) schon immer zugänglich ist (vorausgesetzt freilich, daß jene Überlegungen tatsächlich von allgemein-menschlichen, nicht etwa von geschichtlich bedingten, nur als solchen nicht bewußten Bestimmungen ausgehen, womit der nicht minder mißliche Fall einer sich selbst verborgenen zirkulären Argumentation eintreten würde), so muß andrerseits ein konsequent universalgeschichtliches Konzept, das die Geschichtlichkeit aller Sinnentwürfe ernst nimmt, schließlich in die Verlegenheit geraten, eine endgültige und allgemeinmenschliche Bedeutung Jesu Christi nur schwer einsichtig machen zu können. Wenn diese Thesen (beiden Wegen gegenüber) eine Qualifizierung des durch Jesus Christus ermöglichten Sinnentwurfs als unüberbietbar versuchen, so schließt das weder das Selbstverständnis des christlichen Glaubens als Offenbarungsglauben (These III) noch die Zuversicht aus, daß er sich in seiner menschlichen Bedeutung bewährt. Solche Bewährung verlangt in theoretischer Hinsicht durchaus transzendentalanthropologische Reflexionen, doch führen diese (abgesehen davon, daß sie in dieser Bestimmtheit und mit diesen Resultaten wohl nur nachträglich zur Glaubenserfahrung erfolgen) gerade zu dem Ergebnis, daß der Mensch, wiewohl er auf absoluten Sinn ansprechbar ist, ihn weder als denknotwendig behaupten noch sich seiner unmittelbar gewiß werden kann, sondern seiner geschichtlichen

Wenn sich die endgültige Zuwendung Gottes zum Menschen als der Grundgedanke der Verkündigung Jesu dadurch ausweisen ließe, daß seine Worte und Taten sich von ihm aus am besten erschlössen, dann wäre durch ihn schließlich auch die *Freiheit* gerechtfertigt, ohne die allerdings auch die Christen die Bedeutung Jesu nicht vergegenwärtigen können (These III, 1). Solche Vergegenwärtigung, die Jesus nachzufolgen und am Beispiel seines Lebens wahres Menschsein zu erlernen suchte, ohne es jedoch in den Einzelheiten seiner Erscheinung zum Gesetz zu erheben, entspränge nämlich keineswegs hermeneutischer Willkür, sondern bliebe an Jesus selbst orientiert, sofern sie nur der Liebe Gottes, die sie in der Gestalt seines Daseins aufscheinen sah, zu entsprechen und in ihre Hinwendung zum Menschen einzustimmen versuchte. Ebensowenig wie ihre Verheißung ist ja auch der Anspruch der Liebe in irgendeiner Konkretisierung erschöpft; vielmehr kommt die Herrschaft der Liebe Gottes nur dadurch zum Ziel,

---

Erfahrung bedarf (These V). Geschichtliche Wirklichkeiten jedoch, die Erscheinung absoluten Sinnes sein sollen, haben die Eigenart des Symbols. In dieser sind sie nicht nur vorläufig, sondern grundsätzlich objektivierender Erkenntnis verschlossen. Der Rangunterschied, der gleichwohl zwischen ihnen besteht, kann nur darin liegen, mit welcher Angemessenheit, konkret: wie unüberbietbar sie absoluten Sinn (unbedingte Liebe) ausdrücken, d. h. inhaltlich explizieren und zugleich realisieren. Die hermeneutische Einsicht, daß absoluter Sinn, weil nur symbolisch realisierbar, auch nur symbolisch wahrnehmbar ist, schließt also die Kenntnisnahme des Lebens und Geschicks Jesu in ihrer geschichtlichen Bestimmtheit nicht aus, sondern setzt sie voraus. Dabei dürfte die für den Begründungszusammenhang der Christologie entscheidende Frage darin bestehen, in welcher Weise sich die Aussage, Jesus habe in seinem Auftreten einen Gott unbedingter Liebe zum Menschen in Anspruch genommen und vergegenwärtigt, rechtfertigen läßt. Denn eine solche Vergegenwärtigung schlösse (weil in unbedingter Liebe der Liebende als er selbst anwesend ist und zugleich seine unwiderrufliche Treue zusagt) die Endgültigkeit der Zuwendung Gottes sowie seine Selbstoffenbarung unmittelbar ein, ohne daß zur Verdeutlichung dieser Implikationen noch auf besondere, zeitgeschichtlich bedingte Verstehensvoraussetzungen rekurriert werden müßte, deren allgemeine Gültigkeit erst einer eigenen Begründung bedürfte. Wenn nun in der Tat ein Gott unbedingter Liebe die höchste denkbare Bestimmung der Sinnoffenheit sein dürfte, als welche der Mensch existiert, weil erst die mit ihm begegnende Wirklichkeit den Horizont absoluten Sinnes formell und inhaltlich erfüllt, so bleibt doch die Frage, wie sie als Wahrheit der Geschichte Jesu wahrnehmbar sei. An Jesu ausdrücklicher Bezugnahme auf Gott besteht zwar kein Zweifel, als unbedingte Liebe konnte er ihn jedoch in Verkündigung und Verhalten nur symbolisch realisieren, weil Liebe, wenn sie freibleiben soll, die Zukunft ihrer Zuwendung, die gleichwohl zu ihr gehört, nur als Verheißung vergegenwärtigen kann. Trotzdem muß, wenn ihre Verwirklichung nicht ins Unendliche aufgeschoben und letztlich unmöglich sein soll, jede ihrer Äußerungen auch schon

daß sie die Freiheit des Menschen aufruft und diese sich durch sie einladen läßt, sich bei allem, was sie tut, an nichts als eben die Liebe selber zu binden und in solcher Erwiderung ihren Sinn als Freiheit zu realisieren.

2. Auch wenn die nichtchristlichen Gesprächspartner das *biblische Auferstehungszeugnis* entweder von vorneherein übergehen oder es ebenso wie den Gottesgedanken als mythologischen Ausdruck für die Gültigkeit der Sache des irdischen Jesus und dementsprechend auch diese Sache interpretieren (These I), befreit das die Christologie nicht von der Aufgabe, ihrerseits die für sie konstitutive Bedeutung dieses Zeugnisses zu erklären (vgl. These I) und seine Glaubwürdigkeit darzulegen[107]. Daß namentlich in ihm ihre Kirchlichkeit grundgelegt wurde, sollte nicht heißen, daß nicht auch der irdische Jesus (wie jede Gestalt der Geschichte, die keine Selbstzeugnisse hinterließ) nur durch eine Tradition von ihm

---

enthalten, was sie verspricht. Und diese Äußerungen müssen sich ihrerseits sogar durch die Weise, wie sie auf reale Situationen eingehen und diese bestimmen, als geeignet erweisen, allererst die Ent-schlossenheit zu wecken und aufzurufen, welche die unerläßliche Bedingung für die Wahrnehmung ihrer Bedeutung darstellt. Obwohl also solche Wahrnehmung wesentlich ein antizipatorischer und ungesicherter Akt bleibt, weil Liebe – namentlich in ihrem unbedingten Charakter – niemals Gegenstand objektivierender Beobachtung sein kann, hat eine derartige Betrachtung, auch wenn sie über relativische Feststellungen prinzipiell nicht hinauskommt, für eine historisch argumentierende Christologie doch eine unverzichtbare Aufgabe wahrzunehmen: Sie kann nämlich, wenn auch stets nur in vorläufiger Weise, jene Grundaussage der Christologie (von der Gegenwart der unbedingten Liebe Gottes) dadurch verifizieren, daß sie diese erstens als Inbegriff der Verkündigung und des Auftretens Jesu durch die zusammenhängende Erschließung des einschlägigen historischen Materials bewährt, daß sie zweitens (und im Zusammenhang mit dem ersten) den Vergleich der Sinn- und Gottesvorstellung Jesu mit denen der jüdischen und anderer Religionen durchführt und so das (freilich zugleich von unmittelbaren Optionen abhängige) Urteil über die Unüberbietbarkeit des von Jesus eröffneten Sinnentwurfs durch komperativische Aussagen einlöst und daß sie drittens die historischen Fragen erörtert, welche der Osterglaube aufwirft, insofern nämlich die Erfahrung Jesu als des Auferweckten den durch sein Auftreten eröffneten Glauben an den Gott unbedingter Liebe in geschichtlich nicht überbietbarer Weise rechtfertigen, weil die in solcher Liebe versprochene Treue in der denkbar äußersten Situation realisiert sehen würde.

[107] Vgl. zu den historischen Fragen *J. Kremer*, Das älteste Zeugnis von der Auferstehung Christi. Eine bibeltheologische Studie zur Aussage und Bedeutung von 1 Kor 15, 1–11, Stuttgart ^{2}1967; *U. Wilckens*, Auferstehung. Das biblische Auferstehungszeugnis historisch untersucht und erklärt, Stuttgart / Berlin 1970; *W. Pannenberg*, Grundzüge der Christologie, 85–103; *W. Kasper*, Jesus der Christus, 145–167.

zugänglich sei, wohl aber, daß im Fall der Auferweckung Jesu das Zeugnis von den Zeugen in einer ausgezeichneten Weise nicht ablösbar ist: einmal, weil es die geschichtlich einzigartige Erfahrung einer Wirklichkeit bekennt, die sich – weil ungleich zu allem, was sonst geschichtlich vorkommt – historisch-rekonstruierender Objektivierung und zuletzt jeglichem Vorstellen entzieht und deshalb auch schon ursprünglich einer Bezeichnung in bildlicher Rede bedurfte, für welche die frühe Gemeinde aus letztlich nicht mehr überprüfbaren Gründen neben anderen (wie etwa »Erhöhung«) vor allem die Metapher der Totenauferweckung als die angemessene verwandte; zum andern, weil also die Jünger, um eine solche Wirklichkeit überhaupt wahrnehmen und als Auferweckung Jesu bezeichnen zu können, die zeitgenössische Auferstehungshoffnung teilen und insofern, obwohl diese Ostern bekräftigt (freilich zugleich auch modifiziert) wurde, doch schon eine Bereitschaft zum Glauben mitbringen mußten. Der Glaube der Christen ist also durch die Erfahrung einer Wirklichkeit begründet, die nur im Glauben der Zeugen »ankommen« konnte. Doch setzt er nicht nur die prinzipielle Bereitschaft voraus, den Glauben der frühen Gemeinde zu teilen, sondern ist auch – eben weil er von ihrer Verkündigung abhängt – mit einem besonderen Vertrauen in die Glaubwürdigkeit der Zeugen verbunden, das sich nur in der lebendigen Begegnung mit ihnen entzünden und durch die Konsequenz ihres Lebens rechtfertigen konnte.

Dennoch berührt der Osterglaube eine Menge historischer Fragen. Sie betreffen zunächst seinen *Inhalt:* die Vielfalt des Osterkerygmas sowie der Erscheinungs- und Grabesgeschichten ist kritisch zu prüfen und die Intention des jeweiligen Berichtes genau zu erheben; der Inhalt der Auferstehungsvorstellung muß aufgrund der einschlägigen biblischen Aussagen präzisiert und vor Mißverständnissen geschützt werden; ebenso ist die Bestimmung zu verdeutlichen, welche die vorausgesetzten apokalyptischen Hoffnungen ihrerseits durch die Ostererfahrung erhielten, damit auf diese Weise die besondere theologische Bedeutung der Auferweckung Jesu einsichtig wird. Sodann ist – was die *Wirklichkeit* der Auferweckung Jesu angeht – in einer methodologischen Besinnung zu zeigen, daß weder Natur- noch Geschichtswissenschaft, obwohl sie alles Geschehen in seiner Regelmäßigkeit zu betrachten bzw. mit Hilfe von Analogieschlüssen zu erklären streben, die Erfahrung der endzeitlichen Wirklichkeit in der Geschichte positiv ausschließen können; diese wäre indirekt auch durch eine Auseinandersetzung mit solchen Hypothesen zu schützen, welche die Entstehung des Urchristentums ohne die Erfahrung des Auferweckten plausibel zu machen versuchen. Schließlich bleibt auf *grundsätzlicher* Ebene das Problem zu behandeln, ob die Auferstehungsvorstellung auch über ihre Entstehungssituation hinaus als *Ausdruck letzter menschlicher Hoffnung* Gültigkeit behalten oder unbeschadet des in ihr Gemeinten durch andere Vorstellungen ersetzt werden kann[108]. Es ist klar, daß ein solches Aufgabenfeld hier nur umrissen, aber nicht mehr beschritten werden kann.

---

[108] Im Horizont der apokalyptischen Zukunftserwartung hatte das Ereignis der Auferweckung Jesu unmittelbar die Bedeutung, Anbruch der Endzeit und damit Erweis der Selbstoffenbarung Gottes in Jesus zu sein. Nach dem Fraglichwerden der apokalyptischen Vorstellungswelt wird das Zeugnis der Auferweckung Jesu Grund für den Glauben an ihn jedoch nur noch sein können, wenn die Auferstehungsvorstellung selber als Ausdruck letzter menschlicher Hoffnung vollziehbar erscheint. Mit Bezugnahme auf die zeitgenössische Anthropologie hat W. Pannenberg deshalb versucht, die Erwartung einer Auferstehung von den Toten als philosophisch sachgemäßen Ausdruck der menschlichen Bestimmung zu begründen. K. Rahner spricht sogar von einer »transzendentalen Auferstehungshoffnung« als Verständnishorizont für den Glauben an die Auferweckung Jesu: »Jeder Mensch vollzieht mit transzendentaler Notwendigkeit entweder im Modus der freien Annahme oder der freien Ablehnung den Akt der Hoffnung auf seine eigene Auferstehung ... Bejaht also der Mensch seine Existenz als bleibend gültige und zu rettende, und verfällt er dabei nicht dem Mißverständnis eines platonisierenden, anthropologischen Dualismus, dann bejaht er hoffend seine Auferstehung.« Freilich gesteht Rahner gleichzeitig zu, daß es dem Menschen von der Erfahrung der Auferweckung Jesu her besser gelingt, dieses Selbstverständnis faktisch zu objektivieren. Und Pannenberg wiederum legt dar, daß die Entstehung des Auferstehungsglaubens in der jüdischen Überlieferung zusammenfällt mit der Verselbständigung des einzelnen gegenüber dem Volk. Der Vollzug der Auferstehungserwartung hängt also aufs engste damit zusammen, ob der einzelne Mensch nach einem absoluten persönlichen Lebenssinn fragt – eine Voraussetzung, die weder in allen geschichtlichen Phasen gegeben war noch in der gegenwärtigen Gesellschaft mit ihren zahlreichen depersonalisierenden Tendenzen selbstverständlich erscheint, die vielmehr ihrerseits noch einmal von der Wirkung der jüdisch-christlichen Überlieferung abhängen dürfte. Ob sich jene Hoffnung allerdings ohne Verlust wieder vergessen läßt und ob ihre Verabschiedung nicht auf eine Erosion der Grundlagen individueller Freiheit hinauslaufen muß, ist eine durchaus berechtigte und dringliche Frage. Doch macht gerade sie deutlich, daß es nicht genügen kann, aus der Erfahrung des Glaubens heraus auf seine transzendentale Möglichkeit zu reflektieren, sondern daß die Vermittlung des Glaubens ein komplexes Geschehen darstellt, in dem seine Voraussetzungen und Inhalte durch die Wirklichkeit, die er hervorbringt und mitgestaltet, allererst aktualisiert und zugänglich werden. Vgl. *K. Rahner*, Grundlinien einer systematischen Christologie, 38 f; *W. Pannenberg*, Tod und Auferstehung in der Sicht christlicher Dogmatik; *ders.*, Grundzüge der Christologie, 61–85, 188 f.

3. Wenn die Christologie die neuen Möglichkeiten des Menschseins, die Jesus eröffnet, aus dem Zusammenhang seiner Reich-Gottes-Predigt und aus der Voraussetzung der unbedingten Zuwendung Gottes zum Menschen interpretiert, dann hat sie vermutlich die historischen Quellen für sich. Dennoch hängt schon diese Auslegung selber und erst recht ihre Übernahme durch den nach sich selbst fragenden Menschen von einem Vorverständnis ab, das vor allem die Wirklichkeit Gottes, wie sie Jesus voraussetzt und näher bestimmt, zumindest nicht prinzipiell ausschließt. Ein solcher Ausgangspunkt ist jedoch keine Selbstverständlichkeit mehr, seit die christliche Exegese nicht nur im Gespräch mit Nichtchristen, sondern auch, weil sie sich das grundsätzliche Anliegen der Entmythologisierung inzwischen selber zu eigen gemacht hat, in eigenen Reihen immer häufiger Jesus-Auslegungen begegnet, die noch den Gottesgedanken als letzten mythologischen Rest eliminieren oder sogar Jesus selbst als den historischen Durchbruch dieses aufgeklärten menschlichen Selbstverständnisses ausgeben. Da solche Voraussetzungen indessen prinzipieller Natur sind, findet die Entscheidung über sie nicht mehr auf der Ebene historischer Forschung selbst statt.

V. DIE ABSOLUTE SINNBESTIMMUNG MENSCHLICHER FREIHEIT DURCH LIEBE
(Philosophische Implikationen der Christologie)

THESE: In der gegenwärtigen Situation ist einer argumentierenden Christologie auferlegt, auf der Ebene grundsätzlicher theoretischer Reflexion das durch Jesus in Gott begründete Selbstverständnis des Menschen in seiner Möglichkeit zu erweisen. In der Aufnahme neuzeitlichen Denkens und in der Auseinandersetzung mit ihm führt das zur Aufgabe einer Anthropologie, welche *die Fähigkeit des Menschen zur absoluten Sinnfrage als Horizont für den Gottesgedanken* beansprucht. Indem sie zugleich auf *die Geschichte menschlicher Freiheit als die Stätte* verweist, *an der allein absoluter Sinn dem Menschen wirklich mitgeteilt werden kann,* gewinnt sie die angemessene Denkform für den Offenbarungsgedanken und die Christologie.

1. Zunächst sei der schillernde Sinnbegriff wenigstens in einer entscheidenden Hinsicht verdeutlicht: die Frage nach Sinn wird hier nicht gleichgesetzt mit der Frage nach dem Seienden als solchem in seiner inneren Bestimmtheit oder nach einem einzelnen Seienden innerhalb der Gesamtwirklichkeit. Immer wieder findet sich ja (angefangen von verschiedenen neuzeitlichen Systemen bis hin zu totalitären Geschichtsideologien oder funktionalistischen Systemtheorien) die Tendenz, den Sinn von etwas in der (wenn auch noch offenen und faktisch unbestimmbaren) Totalität seiner (prinzipiell endlichen) Bezüge zu sehen. In der Konsequenz muß das zur Mediatisierung (Kierkegaard) des einzelnen Menschen führen, zur Bestreitung seiner unbedingten und deshalb unersetzbaren Bedeutung. Die Sinnfrage, wie sie hier verstanden sein soll, setzt die Frage nach jener Totalität sowie nach den allgemeinen Bestimmungen des Seienden zwar voraus, transzendiert sie aber noch einmal. Sie richtet sich auf den Sinn der Wirklichkeit überhaupt und den absoluten Sinn eben des Wesens, das in solcher Weise nach ihm zu fragen vermag. Sie geht auf den *Sinn von Sein und Existenz in ihrer Faktizität.*

Die Weise, wie die Sinnfrage angesetzt wird, muß vor allem den *Gottesgedanken* in Mitleidenschaft ziehen. Heideggers Ausführungen über die ontotheologische Verfassung der Metaphysik haben auf den Doppelsinn aufmerksam gemacht, der in der Frage nach dem Wirklichen als solchem, d. h. nach seiner Einheit beschlossen liegt: einmal geht sie nämlich auf das allem Wirklichen Gemeinsame, zum andern auf den Grund, der diese Einheit ermöglicht[109]. Die Hauptschwierigkeit liegt darin, wie Totalität gedacht werden kann, die ihren Grund von sich unterscheidet. Diese Spannung gibt besonders dem anthropologisch gewendeten Denken der Neuzeit in der Gottesfrage eine eigentümliche Ambivalenz. W. Schulz hat gezeigt[110], daß es in einer Pendelbewegung verläuft, in der sich die gegensätzlichen Motive zunehmend verschärfen, indem sie die vorangegangene Vermittlung von neuem aufsprengen. Den Anfang bilden jeweils Denker, die die Subjektivität ins Zentrum stellen, aber so, daß sie ihr eine höhere Subjektivität (Gott) als Grenze und Grund voraussetzen. Ihnen folgen Systematiker, die beide Subjekte in einem umgreifenden Zusammenhang zu vermitteln versuchen. Der Wille des Subjekts, sich selbst als Prinzip zu setzen und alles, auch Gott als das dialektisch Andere zu ihm, in sein Begreifen einzubeziehen, muß dem Gottesgedanken das Schicksal bereiten, zum bloßen Horizont innerhalb der Selbstkonstitution des Subjekts herunterzusinken. Je mehr dem Denken dies aber gelingt, desto radikaler bricht ihm die Erfahrung der eigenen Faktizität durch. »Wenn ich bis an die Grenze alles Denkens gehen will«, schreibt schließlich der späte Schelling, »so muß ich ja auch als möglich anerkennen, daß überall nichts wäre. Die letzte Frage ist immer: warum ist überhaupt etwas, warum ist nicht nichts? Auf diese Frage kann ich nicht mit bloßen Abstraktionen von dem wirklichen Seyn antworten«[111]. Damit hat Schelling der Sinnfrage ihre philosophisch wohl schärfste Fassung gegeben, zugleich hat er den Gottesgedanken formuliert, der ihr korrespondiert: »Ich will das, was *über* dem Seyn ist, was nicht das bloße Seyende ist, sondern mehr als dieses, der *Herr* des Seyns«[112]. »*Gott* aber, was man wirklich Gott nennt ..., ist nur der, welcher Urheber seyn, der etwas anfangen kann, der also vor allem existiert, der nicht bloße Vernunft-Idee ist«[113].

---

[109] *M. Heidegger*, Die onto-theo-logische Verfassung der Metaphysik, in: *ders.*, Identität und Differenz, Pfullingen 1957, 35–73.

[110] *W. Schulz*, Der Gott der neuzeitlichen Metaphysik, Pfullingen 1957.

[111] *F. W. J. Schelling*, Philosophie der Offenbarung, in: WW 6. Ergänzungsband (ed. M. Schröter), München 1954, 242.

[112] *F. W. J. Schelling*, aaO. 93.

[113] *F. W. J. Schelling*, aaO. 172.

Einer gängigen Meinung, der christliche Glaube sei in jede vorgefundene Denkform – sofern sie überhaupt nur einen Gottesgedanken enthalte – gleich gut transponibel, ist aufgrund des Gesagten entschieden zu widersprechen. Eher noch darf man annehmen, daß die Unruhe, die das Denken der Neuzeit bewegte, gerade aus christlichen Erinnerungen herrührt. Nebenbei nur sei die Vermutung geäußert, daß der Reflexionsstand neuzeitlicher Philosophie in der transzendental-anthropologischen Theologie der Gegenwart nicht immer klar durchgehalten scheint; zumindest solange sie z. B. die Selbsttranszendenz des menschlichen Geistes lediglich im Schema transzendental-kategorial thematisiert, verbleibt sie noch bei der Konstitutionsanalyse endlichen Geistes und damit – solange sie das Problem von Transzendentalität und Transzendenz nicht selber in seiner ganzen Schärfe aufwirft – im Gefährdungsbereich immanentistischen Denkens. Erst wenn der endliche Geist die Reflexion auf sich selber bis zu Ende durchführt und mit dem Ansichtigwerden seiner abgründigen Faktizität die Frage absoluter Begründung und Sinngebung erreicht und durchhält, ist der Horizont ausgemacht und neuzeitlichem Denken vermittelt, aufgrund dessen der Mensch für einen Gott ansprechbar ist, von dem er sich zugleich unterscheidet, weil er über seine Wirklichkeit im Denken nicht mehr verfügt[114]. Und so muß es wohl sein, wenn anders

[114] Ausdrücklich sei unterstrichen, daß eine inhaltliche Gotteslehre mit so allgemeiner Reflexion noch nicht erreicht ist. Vielmehr liegt ihre Leistung zunächst nur darin, die Unbrauchbarkeit der kategorialen Konstitutionsbegriffe für den Gottesgedanken und die Unmöglichkeit eines direkten Wissens von Gott überhaupt begreifen zu können. Gleichzeitig aber ist eben dadurch, daß die endliche Vernunft mit der Einsicht in ihre absolute Grenze ihr Höchstes vollbringt, die Rede von Gott als nicht sinnlos gerechtfertigt worden: sie benennt den an sich unbegreiflichen Grund, den sich endlicher Geist als von ihm selbst unterschieden voraus-setzen muß, wenn er sich der Bedingung der absoluten Sinnhaftigkeit seines Selbstvollzuges, sofern er sich zu ihr entschließt, zu vergewissern versucht. Ob und in welcher Weise darüber hinaus die Tatsache, daß alle Sinnerfahrung und -verwirklichung auf in sich differenzierte Weise (als erfüllte Freiheit, Intersubjektivität und Liebe, sittliches Handeln, inhaltsvolle Erkenntnis usw.) geschieht, die Möglichkeit einer entsprechend gehaltvollen Rede von Gott selber begründet, die nicht wieder unter das Reflexionsniveau transzendentaler Besinnung herabsinkt, läßt sich hier nicht weiter erörtern. Ein bemerkenswertes Beispiel transzendentalphilosophischer Theologie »durch eine Reflexion auf die Sinnhaftigkeit des als höchstes Gesetz des Wissens ausgewiesenen Sollensgesetzes« hat *H. M. Baumgartner* (Über das Gottesverständnis der Transzendentalphilosophie. Bemerkungen zum Atheismusstreit von 1798/99, in: Philosophisches Jahrbuch 73 [1965/66], 303–321) gegeben. – Hervorgehoben sei noch, daß dort, wo Gott im Zusammenhang einer transzendentalen *Freiheitslehre* gedacht wird, sich

der *Gott* der Liebe sich aus *Freiheit* zum Gott der Menschen bestimmt haben soll (These III).

2. Zugleich mit dem Gottesgedanken muß die Weise, wie die Sinnfrage gestellt wird, das *Verständnis menschlicher Freiheit* berühren. Die in ihr aufbrechende Problematik ist aber schon im Ansatz verkürzt, wo sie nur im Zusammenhang der Selbständigkeit und Selbstbestimmung des Selbstbewußtseins in seinem Verhältnis zur Welt thematisiert wird. Solange philosophische Reflexion nämlich nur die notwendige Weise endlichen Geistes, überhaupt wirklich zu sein, expliziert, gewinnt sie zwar den Rang allgemeinverbindlicher Geltung; auf die Ebene absoluten Sinnes aber gelangt sie mit derselben Gültigkeit nur noch im Modus der Frage, eben weil sie in der Frage nach dem Warum dieser Wirklichkeit überhaupt ihre absolute Grenze erreicht. Als Antwort innerhalb des Rahmens *ihrer* Möglichkeiten könnte allenfalls gelten, die Selbstverwirklichung weltlicher Freiheit selber als ihren Sinn anzusehen. Der Mensch fände dann seinen (ihm verfügbaren) Sinn in dem, wozu er sich macht; den Sinn seiner Wirklichkeit in der Bejahung und Aneignung dieser Wirklichkeit selbst. Es ist leicht zu sehen, daß diese Antwort – wie sie unter den behandelten Autoren am reflektiertesten Gardavsky und Kolakowski anboten – hinter die aufgebrochene Frage zurückfällt, oder besser: sie aufschiebt; und es wäre einer Überlegung wert, ob nicht Nietzsche die Sinnmöglichkeit solcher Freiheit noch am konsequentesten zu Ende gedacht hat, als er sie mit der Notwendigkeit identifizierte und in den fatalistischen Zirkel einmünden ließ, den er den »Ring der ewigen Selbst-Segnung, Selbst-Bejahung« genannt hat[115].

Der Begriff *absoluten* Sinnes erscheint jedoch erst, wenn man die Bezogenheit endlicher Freiheit auf andere Freiheit beachtet. Nicht nur, daß »ich

insbesondere auch die Möglichkeit auftut, den Gedanken seiner *Selbstoffenbarung* ohne Widerspruch zu entwickeln und ihre Erfahrung in einer dem Zeugnis der christlichen Überlieferung entsprechenden Weise begrifflich zu klären: denn die Idee einer (formal und material) unbedingten und vollkommenen Freiheit, die sich aus sich selbst endlicher Freiheit entschlösse und deren formaler Unbedingtheit als das schlechthin Erfüllende entspräche, wäre nicht nur mit menschlicher Freiheit vereinbar (wenn nicht in deren Selbstvollzug, sofern er unbedingten Sinn intendiert, sogar impliziert), sondern es läge zugleich in ihrem Charakter als transzendentaler Idee, daß aus ihr ein wirkliches Handeln Gottes in der Geschichte nicht ableitbar wäre. Vgl. dazu *H. Krings / E. Simons*, Art. Gott, in: HphG Studienausgabe III, München 1973, 614–641.

[115] Vgl. *K. Löwith*, Gott, Mensch und Welt in der Metaphysik von Descartes bis zu Nietzsche, Göttingen 1967, 173–175.

bin«, daß ich meine Freiheit als Welterkenntnis und -gestaltung behaupte, sondern daß ich sein *soll* und sein *darf,* kurz: daß ich *anerkannt* bin, und zwar *absolut* und *umsonst,* ist eine Antwort, die der Radikalität jener Frage entspricht. Dabei kann hier außer acht bleiben, ob nicht schon die absolute Warumfrage selber als unbestimmter Horizont solcher Antwort nur dadurch möglich war, daß das Subjekt als solches durch ein ursprüngliches absolutes Aufgerufensein konstituiert ist[116]. Auch die geschichtlichen Bedingungen, unter denen jene Frage in voller Ausdrücklichkeit hervortreten konnte, brauchen nicht erörtert zu werden. Es genügt, daß sie zumutbar und – einmal gestellt – durch sich einleuchtend und nur noch schwer abweisbar ist, unvergeßlich, wie Kolakowski sie nannte, eine Möglichkeit der absoluten Reflexion in ihrer Faktizität. Entscheidend aber ist nun die Einsicht, daß die *Antwort,* die Anerkennung des Menschen,

---

[116] Die Andeutungen, die dieser Satz (wie auch schon These III, 4) enthält, bedürften der Durchführung in einer philosophischen Anthropologie, die hier natürlich nicht geleistet werden kann. Doch sei auf die Ansätze einer »transzendentalen Dialogik« bei *J. Heinrichs* (Ideologie oder Freiheitslehre? Zur Rezipierbarkeit der thomanischen Gnadenlehre von einem transzendentaldialogischen Standpunkt, in: Theologie und Philosophie 49 [1974], 395–436) verwiesen, die im Unterschied zum transzendental-dialektischen Denken, das die Sinnstrukturen des Subjekt-Objekt-Verhältnisses entfaltet, als Analyse der Sinnbeziehung zwischen Subjekten verstanden sein will. Ein solches Denken, das die Vorherrschaft der Sachkategorien überwindet und die Beziehung verschiedener Freiheiten positiv als (notwendiges und ungeschuldetes) Verhältnis gegenseitiger Ermöglichung begreift, könnte auch eine intensive Hinordnung geschöpflicher Freiheit auf Gott voraussetzen, ohne die Freiheit seiner Selbstmitteilung zu gefährden: Gott ist ein »Versprechen« an die Freiheit des Menschen, den er sich in der Schöpfungsbeziehung (einseitig) als möglichen Partner vorausgesetzt hat. »Er wird in solchem Versprechen niemals unfrei, da die geschöpfliche Freiheit ihn frei sein läßt im Maße ihres Befreitseins« (aaO. 415). Zugleich wird, da die »dialogische Einheit von Gott und Welt ... nicht als eine logische Verklammerung, in welcher der logische Begriff der herrschende Gott selbst ist, sondern als ein offenes Geschehen von rufender und gerufener Freiheit« erscheint (aaO. 416), das Konzept einer Geschichte der Freiheitserweckung und -verwirklichung möglich, das nicht nur schon im Ansatz die Aporien der traditionellen Gnadenlehre vermeidet, sondern auch die Bedeutung der mit der Gottheit einigen Menschheit Jesu für die reale Vermittlung aller Gnade zu verdeutlichen weiß. Vgl. auch *J. Heinrichs,* Sinn und Intersubjektivität. Zur Vermittlung von transzendentalphilosophischem und dialogischem Denken in einer »transzendentalen Dialogik«, in: Theologie und Philosophie 45 (1970), 161–191; *E. Simons / K. Hecker,* Theologisches Verstehen. Philosophische Prolegomena zu einer theologischen Hermeneutik, Düsseldorf 1969; zur systematischen Neukonzeption der überlieferten Gnadenlehre *G. Greshake,* Gnade als konkrete Freiheit. Eine Untersuchung zur Gnadenlehre des Pelagius, Mainz 1972.

jedenfalls nicht in transzendentaler Überlegung wirklich und gewiß werden kann. Denn damit verlöre sie nicht nur die Unverfügbarkeit, die für sie wesentlich ist, verlöre nicht nur die Eigenart der Antwort überhaupt, insofern ihre Herkunft »von außen« aufgehoben würde in ein Prinzip, in dem Frage und Antwort, Angesprochener und Sprechender in ununterscheidbarer Identität beisammen sein würden, sondern sie könnte auch in dieser Dimension leerer (und daher ambivalenter) Absolutheit gar nicht zur positiven Bestimmtheit (und damit Wirklichkeit) der Liebe gelangen. Wie in seiner Existenz überhaupt ist endlicher Geist also auch in der Erfahrung des absoluten Sinnes durch die sichtbare Wirklichkeit mit sich selber vermittelt, eine Wirklichkeit mit der Qualität allerdings, als meine Realität zugleich die Realität und unverfügbare Gestaltung anderer Freiheit zu sein, die sich durch sie mir mitteilen will (These III, 3). Die Erfahrung absoluten Sinnes wird endlicher Freiheit also durch die geschichtliche Wirklichkeit anderer Freiheit vermittelt.

Nun hat freilich der Gedanke, daß wirkliche Freiheit von der Anerkennung anderer Freiheit abhängt, durchaus auch philosophische Tradition. Doch kommt es hier auf die Beobachtung an, daß ein solches Verhältnis wohl kaum schöpferisch wird, wenn man es nur als Forderung aufstellt. Vielmehr ist es, wo es wirklich glückt und sich fähig erweist, Sinn zu gewähren, bereits von einer absoluten Prämisse geleitet. Denn es lebt dann davon, daß es das, was es vermittelt und aufbaut, schon voraussetzen kann. Liebe kann nur gelingen, wo an unbedingte Liebe geglaubt wird. Indessen ist diese Voraussetzung fraglich genug, nämlich nur unmittelbar antizipiert; einmal in Frage gestellt, ist sie durch keine Reflexion mehr begründbar. Denn wenn ein Mensch die radikale Fraglichkeit seines eigenen Seins nicht selbst zu entscheiden vermag, dann kann er es auch für den anderen nicht. Wie soll er das, was er sich selber nicht sagen kann, dem anderen geben? Wegen dieser Ungewißheit wohl mischt sich in die Liebe so leicht die Angst, in das Vertrauen der Zweifel, in die Anerkennung der Hang zu verfügen und in die Dankbarkeit Selbstrechtfertigung ein; das schöpferische Wechselverhältnis des Empfangens und Schenkens erstarrt zum Rechtsverhältnis oder droht gar zum tödlichen Zirkel unfreier Verkettung, gegenseitiger Überforderung und Enttäuschung, Verstellung und Vereinsamung, Ausnutzung und Empörung zu verderben. Nimmt man hinzu, daß auch diese Beziehung (von »Herr und Knecht«, »homo homini lupus« oder wie immer) sich konkret realisiert und in Verhältnissen objektiviert, in denen die Freiheit anderer von vorneherein bedrückt und negativ konditioniert wird, dann hat man ziemlich treffend beschrieben, was der traditionelle Gedanke der Erbsünde meint. Und so tritt – auf dem Hintergrund mißlungener oder gefährdeter Freiheitsgeschichte – die Heilsbedeutung Jesu besonders deutlich hervor: in ihm ist die absolute Voraussetzung, die Menschen machen müssen, um schöpferisch leben zu können, zum *ausdrücklichen Grund und Anfang einer neuen Geschichte zwischen den Menschen* geworden. Er ist ihre Befreiung zur Freiheit, die Vorgabe, aus der sie immer von neuem es lernen zu geben. Doch selbst wenn man von jener Verschärfung der menschlichen Situation absieht und jegliches Gelingen »natürlicher« Sinnversuche und menschlicher Glückserfahrung keineswegs leugnet, kann die einzigartige Bedeutung Jesu einsichtig werden: denn er allererst hat der Freiheit jedes Menschen und so ihm selbst unverfügbaren *absoluten* Sinn zugesprochen; er hat die Liebe der Menschen in Gott selber begründet und sie damit ermächtigt, sich auch gegenseitig in unbedingter Weise Grund und Ziel ihrer Freiheit zu sein.

3. Mit transzendentaler Notwendigkeit läßt sich der Vorgriff auf die Totalität des Seienden als unausweichliches Implikat menschlich-geistigen Selbstvollzuges ausmachen. Darüber hinaus darf vorausgesetzt werden, daß jeder Mensch auf die Frage nach absolutem Sinn ansprechbar ist. Sofern die Reflexion aber mit dieser Frage ihre absolute Grenze erreicht, hat sie (auch dies sei gegen ein vorschnelles transzendentaltheologisches Schlußverfahren bemerkt) mit ihr zwar den Horizont für einen Gott und seine Offenbarung gewonnen, ohne jedoch beider Wirklichkeit aus ihm noch ableiten zu können. Dieselbe Frage, die Schelling zum Übergang in die »positive Philosophie« Anlaß bot, sah Heidegger durch das Nichts erzwungen und forderte das Freiwerden von den Götzen und das Sich-Loslassen ins Nichts[117]. Gardavsky und Kolakowski sahen die Größe der Vernunft nur gewahrt, »wenn sie ihre eigene Vergänglichkeit anerkennt«; eine Notwendigkeit aber, von der absoluten Frage zur absoluten Antwort überzugehen, erkannten auch sie nicht. So zeigt sich, daß der Mensch auf seine letzten Fragen mit verschiedenen Sinnentwürfen antworten kann, zwischen denen – wenn sie den unabweisbaren theoretischen Mindestanforderungen genügen – die Entscheidung aus theoretischen Gründen allein nicht mehr gefällt werden kann. Der Entschluß z. B., auf der äußersten Schwelle der Welt mit unbedingtem Ernst zu verharren (Jaspers), oder die Auskunft der Philosophie des Absurden, der Mensch sei eine unabschließbare Frage und finde seine wirkliche Identität, wenn er

---

[117] Vgl. *M. Heidegger*, Was ist Metaphysik?, Frankfurt ^{8}1960, 42.

sich für seine verfügbaren Möglichkeiten entscheide und sein endliches Schicksal bewußt übernehme (Kolakowski, Gardavsky), sind theoretisch wohl ebenso möglich wie die Entscheidung des Glaubens, der Totalität unseres Seins sei ein Gott vorauszusetzen, der sich als unbedingte Liebe zum Menschen geoffenbart habe, um die Geschichte absoluten Sinnes zu initiieren und als absoluter Sinngrund zu tragen.

Christliche Tradition freilich kann nun aufgrund ihres Inhalts nicht darauf verzichten, ihren Ursprung als *Offenbarung* zu nehmen. Denn die eigentümliche Wahrheit, die der Sinnentwurf Jesu eröffnet, hängt ja daran, von Gott selber gegeben zu sein, insofern sie sein freies Verhältnis zum Menschen betrifft (These III); und dem Menschen kann sie nur zugänglich werden, wenn er sich auf sie in vorbehaltlosem Glauben einläßt. Dennoch bleibt sie eine selber geschichtlich geprägte Auslegung des Sinns der Geschichte, seine nur anfangshafte Realisierung und in dieser Anfänglichkeit strittig. In philosophischer Hinsicht ist sie eine *geschichtliche Determination der radikalen Sinnoffenheit des Menschen*[118], wissenschaftstheoretisch eine *Hypothese*, welche eine absolute Letztbestimmung der Wirklichkeit antizipiert und sich der *Verifikation* unterziehen muß: einmal durch den Nachweis der Vereinbarkeit ihrer theoretischen Implikationen mit der Gesamtheit des übrigen Wissens, sodann durch ihre Fähigkeit, die Erfahrungen des Daseins zusammenhängend zu deuten, drittens durch ihre Relevanz für unaufgebbare praktische Ziele[119]. Dabei bleibt insbesondere zu beachten, daß Verifikation des christlichen Glaubens sich keineswegs in der Deutung von schon Bestehendem erschöpft, sondern – entsprechend der Gebundenheit von Sinnerfahrung und -eröffnung an Sinnrealisierung – ein dialektisches Geschehen darstellt, in dem die Wirklichkeit und die Fragen, die Erläuterung und Beantwortung finden, in

[118] Von einer »inhaltliche(n) Determination der als solche offen bleibenden Anthropologie« durch die Christologie spricht *W. Kasper*, Jesus der Christus, 61. Dabei greift Kasper auf die Verhältnisbestimmung von Vernunft und Offenbarung zurück, die schon *J. E. Kuhn* (Katholische Dogmatik I, Tübingen ²1859, 268) gegeben hatte und dergemäß »die Vernunft als von der Offenbarung vorausgesetzt und ihre Wahrheit als das Allgemeine der Offenbarungswahrheit erkannt und andrerseits die Offenbarung als die Vollendung der Vernunft und ihre Wahrheit als das Concretum der Vernunftwahrheit begriffen wird, jedoch unbeschadet der Selbständigkeit beider Gebiete der Wahrheit und ihrer Erkenntnis.«

[119] Vgl. *W. Pannenberg*, Wie wahr ist das Reden von Gott? Die wissenschaftstheoretische Problematik theologischer Aussagen, in: Evangelische Kommentare 4 (1971), 629–633; *ders.*, Wissenschaftstheorie und Theologie, 329–348.

einer innovatorischen Praxis häufig erst hervorgebracht werden müssen. Nur ein Zyniker könnte ja behaupten, daß Freiheit bereits als fertige Gegebenheit vorliege und lediglich noch der Rückschluß auf Gott als ihre Ermöglichung durchgeführt werden brauche. Es ist ja nicht einmal auszuschließen, daß es der Gesellschaft gelingt, ihren Menschen das Fragen nach endgültigem Sinn überhaupt abzugewöhnen. Christlicher Glaube wird die Offenbarung Gottes in Jesus Christus verkünden, weil er an den unvergeßlichen Verheißungen seines Ursprungs wie für sich so auch für alle Menschen interessiert ist. Nie kann er sich seiner Wahrheit bloß reflektierend versichern, sondern sie nur dadurch bewähren, daß er den Sinnentwurf seiner Tradition im Gedächtnis der Gegenwart wachzuhalten, das ihm entsprechende Leben zu realisieren und es dabei um seiner selbst willen auf seinen (göttlichen und geschichtlichen) Ursprung zurückzubeziehen versucht.

»Niemand wird mit einem fertigen Sinn des Lebens geboren, denn dieser bleibt immer eine Sache der Wahl«, so schreibt Kolakowski, an Pascals Argument der Wette erinnernd. Die Unvertretbarkeit solcher Wahl gilt ihm als Bedingung der Humanität, und christlicher Glaube wird ihm darin zustimmen können. Keineswegs jedoch wird er sich die Alternative aufdrängen lassen, die Option für Gottes Verheißung müsse den Einsatz und den Wert zeitlichen Lebens gefährden. Ob dieses wirklich gewinnt, wenn man in ihm »alles« sieht, »was wir haben« (Kolakowski), steht durchaus noch dahin. Deshalb kann der christliche Glaube ohne Schüchternheit in den Streit um den Menschen und seine Geschichte eintreten und die Relevanz seiner Hoffnung, die sich an Jesus Christus entzündet hat und mit der Treue von Gottes menschlicher Zuwendung rechnet, in ihrem praktischen Vollzug zu bewähren versuchen.

VI. DIE VERWIRKLICHUNGSGESCHICHTE DER FREIHEIT

(Zur praktischen Relevanz des christlichen Glaubens)

THESE: Immer wieder stellt sich im Gespräch mit Nichtchristen heraus, daß die Anerkennung bzw. Umdeutung oder Bestreitung des von Jesus eröffneten Sinnentwurfs letztlich von grundlegenden praktischen Optionen abhängig ist. Nur wenn einige von ihnen zunächst von allen beteiligten Seiten anerkannt werden, scheint ein weiteres Gespräch über den Menschen überhaupt sinnvoll. Die Schwierigkeit solcher Leitbegriffe wie Freiheit und Emanzipation, Subjektivität und Identität, Transzendieren, Hoffnung und Zukunft, Liebe zum andern und schöpferische Gestaltung der Welt usw. liegt jedoch eben darin, daß ihre nähere Bestimmung erst im Ganzen des jeweiligen Sinnentwurfs festliegt, den jede Praxis impliziert (These II, 1). Die Wahl des Deutungszusammenhangs wiederum hängt davon ab, ob die Grundoptionen in ihm ihre überzeugendste Begründung und einladendste Darstellung erkennen. Insofern kann theologische Reflexion, wenn sie *die praktischen Implikationen des christlichen Menschenbildes* erläutert, vielleicht für ihr Jesusverständnis gewinnen. Überzeugungskraft jedoch erhält sie erst dann, wenn sich eine solche Praxis in der Wirklichkeit findet. Indem die Theologie (als Teil der Verkündigung) das christliche Leben erklärend, ermutigend und kritisierend begleitet, hat sie ihre Möglichkeiten erschöpft. Mit dieser Einschränkung sind die noch folgenden Andeutungen zu verstehen.

1. Es könnte sich der Einwand erheben, daß das durch Jesus zugängliche Gottesverhältnis in sich sinnvoll sei und keiner weiteren Rechtfertigung bedürfe, ja daß es durch das Insistieren auf dem Kriterium der Praxis zum Leistungsverhältnis pervertiert werde. Indessen dürfte deutlich geworden sein und noch deutlicher werden, daß es hier keineswegs darum geht, den Glauben der Ethik zu subordinieren, sondern umgekehrt *die gesamte Praxis unter die Bestimmung des Glaubens zu stellen.* Auch soll nicht überhaupt die Möglichkeit besonderer religiöser Erfahrung oder ihr Wert in Abrede gestellt sein. Wo es ihr jedoch nicht mehr um Vermittlung zu tun ist, droht sie zur esoterischen Angelegenheit elitärer Minderheiten zu wer-

den und – da sie die übrige Welt sich selbst überläßt – den Charakter des Scheins anzunehmen. Deshalb kann auch der christliche Kult, dem als dankbar-ausdrücklicher Erinnerung an die in Jesus Christus geschehene Versöhnung und als antizipierender Feier ihrer Vollendung eine wesentliche Bedeutung für das Leben des Glaubens zukommt, dennoch dessen höchste Vollzugsform nur sein, wenn er zugleich auf es zurückwirkt und die Aufhebung der Differenz von Gottesdienst und Alltag als eschatologisches Ziel im Auge behält. Wo er sich in seiner Absonderung selber genügt, kann er sich auf Jesus jedenfalls nicht mehr berufen. Wenn nämlich der christliche Glaube vorzüglich im menschlichen Handeln die ihm eigentümliche (und von Jesus selbst zugewiesene) Realität und sein Inhalt die ihm entsprechende (symbolische) Mitteilungsform findet (These III) und wenn er dabei seine universale Bestimmung ernst nehmen will, dann muß es ihn zu einer Vermittlung drängen, die alle menschlichen Verhältnisse in sich aufnimmt. Keine Angst um sich selber darf ihn hindern, die Situation seiner glaubenslosen Zeitgenossen zu teilen und sich auf die Tatsache einzustellen, daß sie ihre brennendsten Anliegen heute kaum noch unmittelbar religiös formulieren und nur noch selten ausdrücklich Fragen aussprechen, auf die sich der Glaube als direkte Antwort anbieten könnte. Je vorbehaltloser Christen bereit sind, die ihre Mitmenschen bewegenden Ziele und Bemühungen, die von unbestreitbar menschlichem Wert sind, als eigene anzuerkennen und mitzutragen, je aufmerksamer und ehrlicher sie sich bemühen, ihre Hoffnungen und Enttäuschungen zu verstehen und von ihren Einsichten zu lernen, desto glaubwürdiger werden sie sein, wenn sie ihrerseits die Erfahrungen des gemeinsamen Weges aus der Sprache des Glaubens erhellen und mit ihm eine Orientierung in den grundsätzlichen Fragen versuchen, die unvermeidlich – wenn auch an unvermuteter Stelle – auftreten werden. Nur wenn an der Solidarität der Christen in allem Menschlichen kein Zweifel besteht, wird man schließlich auch ihre Kritik akzeptieren und sich vielleicht sogar für die Eigenart und den Grund ihrer Hoffnung zu interessieren beginnen. Ein Glaube dagegen, der die Berührung mit der Profanität scheut und nur danach trachtet, sich rein zu bewahren und selbst zu genießen, kann seinen Gott nicht als Herrn aller Wirklichkeit glaubhaft bezeugen. Er wäre nicht nur in seinem eigenen Leben bedroht, sondern auch dem der anderen die Bereicherung schuldig geblieben, die Gott *allem* menschlichen Dasein zugedacht hat.

2. Christliche Theologie geht davon aus, daß das durch Jesus in Gott begründete Selbstverständnis des Menschen der wahren »Lage des Men-

schen« (Pascal) entspricht, zugleich endliches und doch absoluten Sinnes bedürftiges Wesen zu sein. Sie wird diesen Gesichtspunkt insbesondere gegenüber solchen Tendenzen der atheistischen Humanismen zur Geltung bringen, die entweder auf eine absolute Selbststeigerung und damit Selbstüberforderung des Menschen hinauslaufen oder aber zu einer skeptischresignativen Selbstbescheidung hinneigen. Allerdings wird sie ihrerseits der Kritik nur standhalten können, wenn sie nicht nur in abstrakter Weise auf die »Letztfragen« (insbesondere das Todesproblem) rekurriert und damit in einer ebenso abstrakten Versöhnung nur zu leicht wieder den Vertröstungseffekt und die Flucht ins Jenseits hervorbringt, sondern glaubwürdig darstellen kann, daß die Begründung absoluten Sinnes in Gott ihre Kraft *gegenwärtig* bewährt: die Liebe schon jetzt furchtlos und großzügig macht, die Anerkennung des andern unbedingt und die Vergebung vorbehaltlos, das Engagement entkrampft und die verändernde Arbeit ungeduldig und geduldig zugleich.

Es dürfte in der Tat alles daran liegen, die richtige Zuordnung von »Letztem« und »Vorletztem« zu finden. Der anthropologische Zirkel, demgemäß sinnstiftendes Handeln das, was es realisiert, schon voraussetzen muß (These V), entspricht genau dem eigentümlichen Verhältnis von Zukunft und Gegenwart der Basileia in der Verkündigung Jesu. Die Struktur dieses Sachverhalts scheint namentlich beim gegenwärtigen Stand der Emanzipationsdebatte plausibel: schon im Prozeß der freien Einigung darüber, wie es weitergehen und Freiheit realisiert werden soll, müßte jeder von der unbedingten Anerkennung des anderen ausgehen[120]. Wie aber kann unter den Bedingungen der Unfreiheit Freiheit beginnen? Schon jetzt nach den Verhältnissen des Reiches Gottes zu leben, obwohl dieses erst Gestalt gewinnen soll oder besser: damit es Gestalt gewinnen kann – das ist die (allerdings zirkuläre) Logik christlicher Praxis. Ihr Glaube besteht in der Fähigkeit, die bloße Erwartungshaltung sprengen und *anfangen* zu kön-

[120] Die Notwendigkeit und Problematik dieser Voraussetzung hat Habermas am Beispiel der Verständigung in Diskursen deutlich gemacht: So unvermeidlich der Vorgriff auf eine ideale Sprechsituation ist, wenn Kommunikation überhaupt möglich sein soll, so schwer ist sein Status bestimmbar. Denn offensichtlich sind die Bedingungen der empirischen Rede mit denen der idealen Sprechsituation nicht identisch, gleichwohl müssen wir im Vollzug der Sprechakte so tun, als sei die ideale Sprechsituation nicht bloß fiktiv, sondern wirklich. Vgl. *J. Habermas*, Vorbereitende Bemerkungen zu einer Theorie der kommunikativen Kompetenz, in: *J. Habermas / N. Luhmann*, Theorie der Gesellschaft oder Sozialtechnologie – Was leistet die Systemforschung?, Frankfurt 1971, 101–141, bes. 136 ff.

nen und darin der »Vollkommenheit« Gottes zu entsprechen, »der anfangen kann« (Schelling) und tatsächlich in Jesus die Geschichte der Versöhnung begann.

3. Christliches Handeln traut sich nicht zu, aus seinem Glauben eine bis ins einzelne verbindliche Gesamtordnung für das Zusammenleben ableiten zu können. Bei seiner Orientierung an Jesus betrachtet es ihn nicht als Gesetz, sondern fühlt sich von ihm zu *schöpferischer Nachfolge* berechtigt (These III und IV). Freilich sieht es sich auch von ihm gerade wegen der Bestimmung, welche die menschliche Freiheit durch ihn erfuhr, in einigen Grundzügen gebunden, die es beachten muß, wenn es mit allen Menschen zusammen Gerechtigkeit näher zu bestimmen und zu realisieren versucht:

Weil Christen den Sinn menschlicher Freiheit als verdankten ansehen, brauchen sie sich seiner nicht durch die ungehemmte Unterwerfung der Erde zu versichern. So können sie das grenzenlose Wachstum als Fetisch durchschauen und es wieder lernen, die Welt als Geschenk zu erfahren. Als totes Material für die ziellos wachsende Stadt der Menschen und bloß antlitzloser Spiegel ihrer eigenen Entwürfe müßte sie öde werden und leer. Aber sie wurde ihnen auch als Garten der Schöpfung gegeben, als vorgefundener und schon gestalteter Raum ihres Daseins, zur Freude des Betrachtens und Spielens. Ebenso gewinnen im Verhältnis der Menschen untereinander die Dinge neue Bedeutung. Zwar bleiben sie das Mittel, in dem menschliche Freiheit Bestand hat, doch weil diese von der letzten Sorge um sich selber befreit ist, muß sie sich nicht an sie klammern, sondern kann sich durch sie als Freiheit für andere Ausdruck in der Wirklichkeit geben. Namentlich das Eigentum hat am anderen Menschen nicht nur seine Grenze, sondern vor allem sein Ziel.

Weil Christen davon ausgehen, daß jedem Menschen absolute Bedeutung verbürgt ist, werden sie gegen alle totalitären und funktionalistischen Tendenzen für das Recht des einzelnen, besonders der Abgeschriebenen und Benachteiligten, einstehen. Sie werden an die vergessenen Opfer der Geschichte erinnern. Niemals werden sie vom Standpunkt des »Alles oder Nichts« aus das Nächstliegende, z. B. Barmherzigkeit diskreditieren, sondern noch bei den Hoffnungslosen aushalten. Doch können sie das alles ohne den Verdacht der Verschleierung des gesellschaftlichen Unrechts nur tun, wenn sie zugleich bereit sind, sich um die konkreten Bedingungen von Freiheit für alle zu kümmern.

Weil Christen davon ausgehen, daß jedem Menschen sein Wert *vor* allem

Handeln verbürgt ist, werden sie einen anderen nie auf sein Tun festlegen und auf jede Verurteilung seiner Person verzichten. Gegen die Mechanismen der Verdrängung und Anonymisierung der Schuld in der Gesellschaft müssen sie jedoch auf der Verantwortung der einzelnen bestehen. Vor allem aber wird ihr Glaube an die Vergebung sie befähigen, eigene Schuld einzugestehen. Er kann sie frei machen von Verantwortungsangst und Rechtfertigungszwang. Wo sie Einrichtungen mitschaffen, um die Beziehungen der Menschen miteinander zu regeln oder sie voreinander zu schützen (z. B. die Wirtschafts- und Produktionsordnung oder das Strafrecht), werden sie diese nur als Notordnung ansehen können. Schon das Bewußtsein, daß sie auf Kosten unzähliger anderer leben, muß sie zur Veränderung der Verhältnisse drängen. Weil sie aber ebenso wissen, daß sie niemals für alle Folgen ihres Handelns einstehen können und also schon – um überhaupt handeln zu können – der Vergebung bedürfen, werden sie, so sehr sie auch mit anderen um den richtigen Weg streiten, doch nicht einen Anspruch auf absolutes Wissen erheben. Solange es eben geht, werden sie ohne Gewalt auszukommen versuchen und »auf die moralisch besseren Mittel bauen« (Machovec), weil sie um sich selber nicht fürchten; und greifen sie doch zur Gewalt – aus eigener Not oder im Namen des größeren Unrechts, das andern geschieht –, dann nur, indem sie die Zweideutigkeit ihrer unumgänglichen Entscheidung aushalten und das letzte Urteil über sie Gott überlassen.

Daß die volle Wirklichkeit der Verheißung, an die Christen glauben, noch aussteht, macht sie ungeduldig und geduldig zugleich[121]. Ungeduldig, wo die Geschichte der Freiheit in einer sich selbst einspinnenden perspektivenlosen Gesellschaft verendet. Geduldig jedoch, wo der emanzipatorische Wille, um nicht alle seine Hoffnungen begraben zu müssen, gewalttätig wird oder die Flucht in Illusionen antritt. Ungeduldig werden sie im Namen der entfremdeten und selbstverlorenen Menschen verzweifeln und doch auch geduldig im Namen der Verzweifelnden an der Verzweiflung zweifeln. Weil sie glauben, daß keine Gegenwart dem Gott Jesu Christi entgleitet, aber auch seine Zukunft sich nicht in ihr erschöpft, können sie die Wirklichkeit unverstellt sehen, Leiden wahrnehmen, Hoffnung bewahren, weiterhin arbeiten und lieben.

---

[121] Der Schlußabschnitt nimmt Gedanken und Formulierungen aus zeitgenössischen Gedichten und Prosatexten auf. Vgl. *H. M. Enzensberger,* Blindenschrift, Frankfurt ^{3}1969 (edition suhrkamp 217); *M. L. Kaschnitz,* Steht noch dahin, Frankfurt ^{2}1974 (suhrkamp taschenbuch 57); *D. Sölle,* Die revolutionäre Geduld, Berlin 1974.